# Dépendance affective : Se libérer de l'emprise

# Table des matières

# Introduction

À 37 ans, je me trouve à un moment charnière de ma vie. Ce livre, c'est un peu l'histoire de mon combat personnel : un périple marqué par des obstacles, des révélations, et, enfin, une libération. Il y a quelques années, je vivais dans une confusion constante. Un sentiment d'inconfort, presque insaisissable, m'envahissait. Quelque chose n'allait pas, c'était certain, mais je ne parvenais pas à mettre le doigt dessus. Ce « quelque chose » restait inexplicable, se dissimulant dans les ombres de mon quotidien.

Je passais mes journées à me demander pourquoi je me sentais si perdue, si insatisfaite. De l'extérieur, ma vie semblait parfaite, mais à l'intérieur, c'était le chaos. J'avais cette impression constante d'être à la merci des humeurs et des besoins des autres, comme si mon propre bonheur dépendait exclusivement de leur approbation et de leur présence. Cette réalisation a été difficile à accepter. J'étais prisonnière d'un cycle de dépendance affective, mais je ne le savais pas encore.

Isabelle, une amie de longue date, a joué un rôle clé dans ma prise de conscience. Lors d'une de nos discussions, elle a pointé du doigt ce que je n'avais pas vu : la possibilité que je sois dépendante affective. Au début, cette idée m'a semblé étrange, presque irréelle. « Dépendance affective » – ces mots résonnaient en moi avec une intensité surprenante. Intriguée, j'ai décidé de me plonger dans le sujet pour comprendre ce que cela signifiait vraiment.

Je me suis lancée dans une quête de savoir. J'ai lu des articles, des livres, écouté des podcasts. Chaque information nouvelle agissait comme un éclairage sur les zones d'ombre de ma vie. Les symptômes détaillés collaient étonnamment à mes expériences : la peur de l'abandon, le besoin constant de plaire, le sentiment de ne pas être entière sans l'approbation des autres. C'était comme si chaque mot décrivait une partie de mon vécu.

Cette constatation n'était pas facile à digérer. Admettre que j'étais dépendante affective m'a confrontée à des vérités inconfortables sur moi-même et mes relations. Mais cette prise de conscience était nécessaire. Elle a été le premier pas vers un changement profond. En reconnaissant et en acceptant ma dépendance affective, j'ai commencé à tracer un chemin vers la guérison et l'autonomie émotionnelle. Isabelle, avec sa simple observation, m'avait offert la clé d'une porte que j'ignorais être fermée.

Comprendre la dépendance affective, c'est comme allumer un projecteur sur une partie cachée de soi-même. Cette condition, souvent dissimulée derrière des comportements quotidiens, mine silencieusement notre bien-être. Pourquoi faut-il la comprendre ? Parce qu'une fois que nous savons ce que c'est, nous pouvons commencer à en voir les signes dans nos propres vies. Ce n'est pas juste une phase ou un simple mal-être ; c'est un problème complexe qui demande une attention sérieuse.

Quand ma propre dépendance affective m'a semblé évidente, j'ai réalisé combien elle influençait mes décisions, mes relations et ma perception de moi-même. Cette prise de conscience m'a permis de commencer à identifier les causes profondes de mon attitude. Plutôt que de me sentir constamment victime des circonstances ou des actions d'autrui, j'ai cherché à comprendre comment mes schémas de pensée et de comportement contribuaient à ma situation. Cette connaissance a été le premier pas vers le changement.

Et c'est là que réside l'importance d'appréhender la dépendance affective : elle nous donne le pouvoir de changer. Une fois que nous en identifions les racines, nous pouvons travailler à les déterrer et à les remplacer par des habitudes plus saines. Cela ne se fait pas du jour au lendemain, mais chaque étape nous rapproche d'une vie plus équilibrée et autonome. Pour moi, cette compréhension a été le début d'un voyage vers une plus grande liberté émotionnelle et des relations plus épanouies.

*Ce livre est comme mon outil de libération*

Lorsque je luttais contre la dépendance affective, j'aurais tout donné pour avoir entre les mains un guide comme celui-ci. Un manuel pratique, clair et direct, qui non seulement détaille ce que c'est que d'être dépendant affectivement, mais qui propose aussi des outils concrets pour s'en sortir. C'est exactement ce que j'ai cherché à créer avec ce livre. Mon objectif principal? Vous offrir les clés de la compréhension et de l'action, celles qui m'ont cruellement manqué quand j'en avais le plus besoin. Cet ouvrage est un compagnon de voyage pour ceux qui se sentent perdus dans le brouillard de la dépendance affective.

Chaque chapitre est pensé pour vous guider, étape par étape, à travers les méandres de cette condition complexe. De l'identification des premiers signes à la compréhension des mécanismes sous-jacents, ce livre aborde tout. Il ne s'arrête pas là. Vous trouverez des stratégies pratiques pour briser les chaînes de la dépendance, reconstruire votre estime de soi et cultiver des relations plus saines et équilibrées. Il n'y a pas de jargon compliqué ou de concepts abstraits ici — juste des informations claires, directes et applicables.

En rédigeant ce livre, j'ai mis tout mon cœur et mon expérience personnelle dans ces pages. Je veux que vous sentiez que vous avez un soutien, que quelqu'un comprend ce que vous vivez et, surtout, que vous n'êtes pas seul.e dans ce combat. La dépendance affective n'est pas une sentence à perpétuité ; avec les bons outils et la compréhension adéquate, vous pouvez vous en libérer. C'est le message que je souhaite transmettre à travers ce manuel : l'espoir et la promesse d'une vie délivrée des chaînes de la dépendance affective.

L'objectif de ce livre est de vous aider à reconstruire une relation saine avec vous-même et avec les autres. Cela commence par l'autoréflexion et la prise de conscience. Vous apprendrez à identifier les comportements et les pensées qui vous maintiennent dans un état de dépendance. Ensuite, nous aborderons des stratégies concrètes pour changer ces schémas. Vous découvrirez des techniques pour renforcer votre estime de soi, gérer vos émotions de manière saine et établir des limites claires dans vos relations.

# Partie 1 – D'où vient la dépendance affective?

# Chapitre 1 : Les signes de la dépendance affective

## 1.1 Comprendre la dépendance affective

Lorsque j'ai commencé à m'intéresser à la dépendance affective, j'avais une vision bien arrêtée sur le sujet. Je voyais cela comme un problème qui ne concernait que les autres, ceux qui, selon moi, ne savaient pas gérer leurs émotions ou leurs relations. Ces images de partenaires excessivement jaloux ou de personnes désespérées, souvent véhiculées par les films et les séries, semblaient bien loin de ma réalité. Je me disais que, dans ma vie quotidienne, structurée et raisonnable, il n'y avait pas de place pour un tel problème. C'était une erreur de jugement que j'allais bientôt découvrir.

Ma prise de conscience a débuté lors de conversations avec Isabelle, une amie proche. Elle m'a ouvert les yeux sur le fait que la dépendance affective n'est pas toujours aussi dramatique ou évidente qu'on le croit. « Tu sais, ce n'est pas juste un truc de films. Ça peut être beaucoup plus subtil », me disait-elle. Ses mots ont commencé à ébranler mes certitudes. Peu à peu, j'ai réalisé que la dépendance affective pouvait se cacher derrière des comportements que je considérais comme normaux ou inoffensifs dans mes propres relations.

Elle m'a aidée à comprendre que la dépendance affective ne se limite pas à une catégorie de personnes. Elle peut toucher n'importe qui, à n'importe quel moment de la vie, et se manifester de diverses façons. Ce n'est pas seulement une question de jalousie extrême ou de désespoir amoureux. C'est parfois une quête subtile de validation, une peur latente de l'abandon, ou même un désir inconscient de toujours plaire aux autres. Cette prise de conscience a été le début de mon voyage personnel pour comprendre et, finalement, surmonter ma propre dépendance affective.

### Qu'est-ce que la dépendance affective ?

La dépendance affective va bien au-delà du simple fait d'aimer quelqu'un intensément. C'est un état où notre bien-être émotionnel, notre sentiment de sécurité et de complétude dépendent excessivement des autres. Ce n'est pas seulement vouloir être proche de quelqu'un ou apprécier sa compagnie ; c'est une nécessité presque obsédante d'être constamment aimé, approuvé et validé par cette personne. Cette dépendance n'est pas un choix conscient ; elle s'infiltre dans nos relations, dictant nos actions et réactions de manière souvent invisible.

Ce besoin compulsif d'approbation et d'affection peut se manifester de diverses façons. Par exemple, il peut nous pousser à changer notre comportement ou à abandonner nos valeurs, juste pour plaire à quelqu'un. On peut se retrouver à tolérer des traitements inacceptables par crainte de perdre l'attention ou l'amour de l'autre. Dans certains cas, cela peut même nous amener à négliger nos propres besoins et désirs, mettant toujours les autres en priorité.

La dépendance affective n'est pas un signe d'amour véritable ou sain. En réalité, elle entrave notre capacité à établir des relations équilibrées et mutuellement enrichissantes. Elle nous enferme dans un cycle de recherche constante de validation externe, ce qui peut éroder notre estime de soi et notre indépendance. Reconnaître cette dépendance est la première étape pour la surmonter. En prenant conscience de nos schémas de dépendance, nous pouvons commencer à travailler sur nous-mêmes, en apprenant à valoriser notre propre jugement et à trouver un équilibre dans nos relations.

*Identifier les symptômes*

Les signes sont souvent subtils et variés, incluant :

- La peur de l'abandon : un sentiment d'angoisse constant à l'idée d'être seul ;

- La quête de validation : une recherche incessante de l'approbation d'autrui ;

- L'oubli de soi : mettre de côté ses propres besoins pour satisfaire les autres ;

- La dépendance aux autres : une sensation d'incomplétude sans la présence de certaines personnes ;

- La tolérance aux comportements toxiques : accepter moins que le respect pour éviter la solitude.

Un jour, alors que nous discutions de nos vies respectives, elle a pointé quelque chose qui m'avait échappé. « Tu sais, tu as l'air de toujours attendre l'approbation des autres avant de te sentir satisfaite de tes choix », m'avait-elle fait observer. « On dirait que tu ne peux pas être pleinement heureuse par toi-même. » Ces mots m'ont frappée de plein fouet. C'était un constat dur à accepter, mais Isabelle avait mis le doigt sur une vérité que j'avais jusqu'alors ignorée. J'étais tellement habituée à chercher l'aval extérieur que l'idée de me faire confiance à moi-même me semblait presque étrangère.

Cette conversation a été le point de départ pour une introspection plus profonde. J'ai commencé à remarquer des modèles dans ma façon d'interagir avec les autres. Que ce soit dans ma vie professionnelle ou personnelle, j'avais tendance à me tourner vers les autres pour la validation de mes idées, de mes sentiments, voire de mes réussites. Cette dépendance à l'opinion des autres avait un coût : je perdais peu à peu confiance en mon propre jugement et en mes capacités. C'était comme si mon bonheur et ma satisfaction découlaient exclusivement des retours et de l'approbation des individus qui m'entouraient.

Reconnaître cette dépendance affective n'a pas été facile. Admettre que j'avais besoin de l'assentiment des autres pour me sentir complète a été un moment douloureux, mais nécessaire. Cette prise de conscience a été la première étape pour amorcer des changements dans ma vie. J'ai commencé à travailler sur l'auto-validation, à me concentrer sur mon propre ressenti et à prendre mes décisions sans attendre systématiquement l'aval des autres. Ce cheminement vers une plus grande autonomie émotionnelle m'a aidée à renforcer ma confiance en moi et à établir des relations plus saines et équilibrées.

Cette prise de conscience m'a ouvert les yeux sur le fait que la dépendance affective peut facilement passer inaperçue. Elle se cache souvent derrière des attitudes que nous estimons normales ou même valorisées dans la société, telles que le désir de plaire ou de ne pas décevoir. J'ai commencé à réaliser que ce que j'avais longtemps considéré comme de simples traits de ma personnalité étaient en fait des signes de ma dépendance affective. J'étais constamment en quête de validation et de reconnaissance, la plupart du temps au détriment de mes propres besoins et envies.

## 1.2 Reconnaître les comportements dépendants

Identifier les comportements dépendants est une démarche fondamentale pour aborder et gérer efficacement la dépendance affective. Bien que ces comportements puissent se manifester différemment d'une personne à l'autre, il existe une série de signes et de modèles comportementaux qui sont couramment observés. Cette reconnaissance n'est pas seulement un outil pour ceux qui luttent contre la dépendance affective ; elle est également utile pour leurs proches et pour les professionnels qui les accompagnent. Comprendre ces comportements donne la possibilité de mieux cerner les enjeux de la dépendance affective et d'adopter des stratégies adaptées pour y faire face.

La variabilité de ces comportements est liée à plusieurs facteurs, notamment le contexte personnel, les expériences passées et les caractéristiques individuelles. Cependant, malgré cette diversité, les comportements dépendants partagent souvent des traits communs qui permettent de les identifier. Il s'agit avant tout d'une tendance à rechercher l'approbation d'autrui, une difficulté à prendre des décisions de manière autonome, une peur intense de l'abandon et une propension à mettre de côté ses propres besoins au profit des désirs des autres. Reconnaître ces tendances en soi-même ou chez autrui est le premier pas vers la prise de conscience et la guérison.

Cette démarche d'identification ne se limite pas à un simple exercice de catégorisation. Elle implique une introspection profonde et parfois difficile, une ouverture à la compréhension des dynamiques émotionnelles sous-jacentes. En prenant conscience de ces attitudes et en les comprenant, il devient possible de commencer à travailler sur des solutions adaptées et de progresser vers une relation plus saine avec soi-même et avec les autres. La reconnaissance des comportements dépendants est donc une étape cruciale dans le voyage de toute personne souhaitant surmonter la dépendance affective.

*Recherche de validation constante*

L'un des aspects les plus difficiles de ma propre dépendance affective était cette quête incessante de validation. Je me suis rendu compte que j'avais du mal à prendre des décisions sans une approbation externe. Ce n'était pas une simple préférence pour les conseils extérieurs ; c'était une nécessité presque compulsive de me sentir soutenue et approuvée dans chaque choix que je faisais.

Pour moi, même les initiatives les plus banales devenaient des montagnes insurmontables sans l'opinion des autres. Je me souviens d'une fois où je devais choisir une nouvelle couleur de peinture pour mon salon. Au lieu de me fier à mon propre jugement, j'ai envoyé des photos et demandé l'avis de presque tous mes amis. Chaque réponse différente m'expédiait dans un tourbillon de doute, me rendant incapable de prendre une décision. Ce besoin de validation était si profondément ancré que je me sentais paralysée sans lui.

Je me posais toujours des questions du genre : « Est-ce que cette couleur est trop audacieuse ? Isabelle aimera-t-elle ? Peut-être devrais-je envoyer un message à Tom pour voir ce qu'il en pense. Mais, et si personne n'aime ? » Ce genre de pensées tournait constamment dans ma tête, me faisant perdre de vue ce que je voulais vraiment.

J'ai commencé à comprendre que cette recherche inlassable de l'approbation des autres m'éloignait de ma capacité à faire confiance à mes propres sentiments et jugements. Travailler sur cette dépendance n'a pas été facile, mais c'était nécessaire pour retrouver mon autonomie et renforcer ma confiance en moi.

## Peur de l'abandon

La peur de l'abandon est une facette subtile et souvent méconnue de la dépendance affective. Elle va bien au-delà de la simple crainte d'être physiquement laissé seul.e. Au cœur de cette peur, il y a une angoisse profonde et parfois inconsciente que les personnes que nous aimons se détournent de nous, qu'elles se lassent et nous quittent. Cette angoisse peut se manifester de différentes manières, mais le résultat est le même : un besoin constant de s'assurer que nos proches restent à nos côtés.

Cette peur n'est pas aussi directe que la crainte de l'abandon physique. Elle est souvent liée à un effort continu pour plaire, pour se rendre indispensable ou aimable aux yeux des autres. Par exemple, j'ai fréquemment remarqué que je changeais mon comportement ou même mes opinions pour correspondre à ce que je pensais que mon partenaire ou mes amis voulaient. Ce n'était pas tant par désir de conformité, mais plutôt une tentative de m'assurer qu'ils ne me quitteraient pas.

Pour beaucoup, y compris pour moi, la racine de cette peur de l'abandon trouve son origine dans l'enfance. Des expériences où l'on s'est senti négligé.e, incompris.e ou rejeté.e par nos figures d'attachement peuvent laisser une marque durable. Ces premières expériences façonnent notre manière de percevoir les relations et le sentiment de sécurité au sein de celles-ci. Pour ma part, j'ai réalisé que mon besoin constant de validation et ma peur de l'abandon découlaient de sentiments d'insécurité vécus durant mon enfance.

Cette peur de l'abandon crée un cercle vicieux dans nos relations. En essayant désespérément de plaire et de nous assurer que les autres ne nous quittent pas, nous finissons par perdre une part de notre authenticité. Cette perte peut, ironiquement, entraîner des tensions et des déséquilibres dans nos relations, augmentant ainsi le risque de l'abandon que nous craignons tant. D'après mon expérience, j'ai constaté que plus je cherchais à plaire, plus je me sentais anxieuse et insatisfaite dans mes relations.

Reconnaître et comprendre cette peur de l'abandon est crucial pour entamer un processus de guérison. Pour moi, cela a impliqué de travailler sur mon estime de soi, d'apprendre à valoriser mes propres besoins et opinions, et surtout, de comprendre que je mérite des relations où je suis aimée pour qui je suis, et non pour qui je pense devoir être. Accepter cette réalité n'est pas facile, mais c'est une étape essentielle pour rompre avec le cycle de la dépendance affective.

*Négligence de ses propres besoins*

J'ai souvent mis de côté mes propres désirs et préférences pour faire plaisir aux autres, un comportement qui me semblait alors naturel et nécessaire. Par exemple, je me souviens avoir accepté de participer à des activités qui ne m'intéressaient pas vraiment, simplement pour éviter de contrarier mes amis ou mon partenaire. Je pensais que cela me rendrait plus aimable ou empêcherait l'émergence de conflits.

Ce n'était pas seulement dans les grandes décisions, mais aussi dans les petits choix du quotidien que je négligeais mes besoins. Que ce soit en acceptant de manger dans un restaurant que je n'appréciais pas ou en renonçant à mes plans personnels pour répondre aux requêtes des autres, je me suis souvent retrouvée à vivre selon les désirs d'autrui. Ce comportement est devenu si habituel que je ne m'en rendais même plus compte.

C'est Isabelle qui a attiré mon attention sur cette tendance. Un jour, elle m'a demandé pourquoi je changeais toujours mes projets pour accommoder les autres. « Tu as aussi le droit de faire ce que tu veux, tu sais », m'a-t-elle dit. Ses paroles ont été un déclic. J'ai commencé à me rendre compte que je m'étais perdue dans mes efforts pour plaire aux autres, oubliant mes propres envies et besoins.

Cette prise de conscience n'a pas été aisée. J'ai dû faire face à la réalité que, pendant des années, j'avais placé les désirs des autres avant les miens, au point de ne presque plus savoir ce que je voulais véritablement. J'ai fini par remarquer à quelle fréquence je disais « oui » quand je souhaitais dire « non ». Cela a été un moment difficile, mais nécessaire, pour entamer un processus de changement.

Reconnaître cette tendance à la négligence de soi a été le premier pas vers un changement positif. J'ai appris à me poser des questions avant de prendre une décision : « Est-ce vraiment ce que je veux ? » ou « Est-ce que je fais cela pour moi ou pour quelqu'un d'autre ? » Apprendre à affirmer mes besoins et à établir des limites a été un chemin difficile, mais libérateur. Grâce à cette évolution, j'ai commencé à construire des relations plus équilibrées et à me respecter davantage.

*Tolérance aux comportements négatifs*

J'ai longtemps tout accepté des autres. Cette tolérance provenait d'une peur profonde de la solitude ou du rejet, me poussant à excuser et même à justifier des attitudes qui, en temps normal, auraient été inacceptables. C'était comme si accepter ces comportements était le prix à payer pour éviter d'être seule ou ostracisée.

Je me souviens d'avoir pardonné à des amis ou à des partenaires des paroles ou des actions blessantes, sous prétexte qu'ils avaient eu une mauvaise journée ou qu'ils ne le pensaient pas vraiment. Même quand des proches me faisaient remarquer que ces attitudes étaient inappropriées, je trouvais des excuses pour les défendre. C'était ma façon de m'accrocher à ces relations, de peur de me retrouver seule ou de devoir faire face à l'idée d'être rejetée.

Isabelle, toujours attentive, m'avait un jour confrontée à cette réalité. Elle m'avait dit : « Tu mérites mieux que ça. Tu n'as pas à accepter ce genre de traitement de la part de quelqu'un. » Ces mots avaient résonné en moi, mais il m'a fallu du temps pour vraiment les comprendre et les admettre. J'avais intériorisé l'idée que, pour être aimée, je devais tolérer tout et n'importe quoi.

La prise de conscience de cette tolérance malsaine a été un processus difficile. J'ai dû apprendre à reconnaître la toxicité et à comprendre que la peur de la solitude ne justifiait pas de rester dans des rapports nuisibles. Cela a impliqué de revoir mes critères de ce qui est admissible dans une relation et de réapprendre à m'estimer suffisamment pour ne pas accepter moins que ce que je méritais.

Apprendre à mettre fin à cette tolérance aux comportements négatifs a été un tournant important dans ma lutte contre la dépendance affective. Cela a signifié apprendre à être à l'aise avec l'idée d'être seule et à ne pas dépendre de la présence des autres pour me sentir complète. En développant une meilleure estime de moi-même et en définissant des limites claires, j'ai commencé à établir des relations plus saines et respectueuses.

*Surmonter les comportements dépendants*

La reconnaissance de mes comportements dépendants a été le point de départ de mon processus de guérison, mais ce n'était que le début d'un parcours plus long et plus complexe. Une fois que j'ai pris conscience de mes tendances à la dépendance affective, j'ai dû entreprendre un travail en profondeur sur moi-même. Ce travail impliquait de développer une conscience de soi plus aiguë, d'apprendre à valoriser mes propres besoins et de cultiver une autonomie émotionnelle.

La première étape a été de m'engager dans un processus d'introspection. Cela signifiait prendre du temps pour réfléchir sur mes actions et mes motivations, comprendre pourquoi je réagissais de certaines manières dans mes relations et identifier les situations où ma dépendance affective prenait le dessus. J'ai choisi de tenir un journal pour enregistrer mes pensées et mes sentiments, ce qui m'a aidé à reconnaître des schémas récurrents dans mon comportement.

J'ai aussi dû apprendre à valoriser mes propres besoins. Pendant longtemps, je les avais négligés au profit de ceux des autres, croyant que c'était la bonne chose à faire. J'ai commencé à me poser des questions simples, mais essentielles, avant de prendre une décision : « Est-ce que je fais ça pour moi ou pour quelqu'un d'autre ? » et « Qu'est-ce que je veux vraiment ? » Ces questions m'ont aidée à me recentrer sur ce qui était important pour moi.

La pratique de l'autonomie émotionnelle a aussi été un pilier de mon processus de guérison. Cela signifiait apprendre à me soutenir émotionnellement sans dépendre constamment des autres. J'ai commencé à explorer des activités qui me plaisaient réellement, à passer du temps seule et à apprécier ma propre compagnie. Cela m'a permis de renforcer ma confiance en moi et à comprendre que je pouvais être heureuse et épanouie en étant indépendante.

Tout cela, c'est un processus continu de croissance et d'apprentissage. Il y a eu des moments de doute et de recul, mais chaque étape a été une expérience essentielle dans mon cheminement vers une vie plus autonome et équilibrée. La clé a été la persévérance et la volonté de s'améliorer, même face aux défis.

## 1.3 Impacts sur la vie personnelle et professionnelle

*Effets sur les relations personnelles*

La dépendance affective a profondément influé sur mes relations personnelles, souvent de manière négative. J'avais l'habitude de placer systématiquement les besoins des autres avant les miens, ce qui a créé des déséquilibres significatifs dans mes interactions. Cette dynamique se manifestait de différentes façons : j'acceptais des plans qui ne m'intéressaient pas, j'acquiesçais à des opinions avec lesquelles je n'étais pas d'accord, et je m'efforçais sans cesse de rendre les autres heureux, même au détriment de mon bien-être.

Ma quête constante de validation dans mes relations m'a souvent conduit à me sentir négligée et sous-estimée. Par exemple, je me souviens d'avoir dit à un ami : « Je ferai tout ce que tu veux ce week-end », en dépit de mes propres projets et désirs. Mon ami, bien que reconnaissant, n'a pas semblé comprendre le sacrifice que cela représentait pour moi. Ce genre de situations, répétées maintes fois, m'a laissée avec un sentiment de vide et un manque de reconnaissance.

Ma peur de l'abandon m'a souvent poussée à tolérer des comportements et des situations qui, en temps normal, auraient été inacceptables. J'ai enduré des relations où je me sentais sous-évaluée, voire maltraitée, tout cela par crainte d'être seule. Dans ces moments, l'idée même de mettre fin à une relation malsaine me semblait plus terrifiante que le malheur qu'elle engendrait.

Un jour, en discutant avec Isabelle, j'ai partagé mes sentiments de frustration. «Je ne sais pas pourquoi je continue à tolérer ça», ai-je admis. «Peut-être que je crains plus d'être seule qu'être malheureuse.» Isabelle m'a répondu : «Tu mérites d'être heureuse, pas juste d'être accompagnée.» Ce dialogue a été un moment de révélation, me faisant prendre conscience de la nécessité de modifier mes comportements dans mes relations.

Reconnaître l'impact de ma dépendance affective sur mes relations a été le premier pas vers un changement positif. J'ai commencé à travailler sur mon estime de moi et sur la mise en place de limites saines. Apprendre à dire non et à exprimer mes propres besoins et désirs est devenu un aspect crucial de ma croissance personnelle. Bien que ce chemin vers des relations plus équilibrées et saines n'ait pas été facile, il a été essentiel pour améliorer ma qualité de vie et mon bien-être émotionnel.

*Conséquences sur la vie professionnelle*

Dans le cadre professionnel, ma dépendance affective a pris une forme différente, mais tout aussi problématique. J'avais constamment l'impression de devoir prouver ma valeur, ce qui m'a amenée à accepter plus de responsabilités et de projets que je ne pouvais raisonnablement gérer. Chaque fois qu'un collègue ou un supérieur me demandait de me charger d'une tâche supplémentaire, je répondais « oui » sans hésiter, craignant que dire « non » ne me fasse paraître incompétente ou non coopérative.

Cette incapacité à établir des limites claires m'a rapidement conduite à un surmenage. Je me retrouvais à travailler de longues heures, sacrifiant mon temps personnel et ma santé. J'étais sans arrêt stressée et fatiguée, mais je continuais de m'imposer ces charges excessives, croyant que c'était le seul moyen de maintenir une bonne image auprès de mes confrères et mes supérieurs.

Un jour, un collègue m'a approchée, inquiet de me voir sans cesse submergée de travail. « Tu sais, il n'est pas bon pour toi de toujours dire oui à tout. Tu as le droit de refuser certaines tâches », m'a-t-il dit. Ce commentaire a été une révélation. J'ai réalisé que ma quête constante d'approbation me nuisait plus qu'elle ne m'aidait.

Ma dépendance affective a également eu un impact sur mon développement professionnel. Par peur de déplaire ou d'être jugée, je me retenais souvent de partager mes idées lors de réunions ou de prendre des initiatives. Cette retenue m'a privée de nombreuses opportunités de me démarquer et de faire progresser ma carrière. J'étais coincée dans un rôle où je me sentais sous-évaluée et non épanouie.

Reconnaître ces problèmes a été le premier pas vers un meilleur équilibre dans ma vie professionnelle. J'ai commencé à apprendre à dire « non » et à établir des limites saines au travail. J'ai également tâché de renforcer ma confiance en moi pour partager mes idées et prendre des initiatives. Cette évolution n'a pas été facile, mais elle était nécessaire pour ma santé mentale et mon épanouissement professionnel.

*Impact sur la santé mentale et physique*

La dépendance affective a profondément impacté ma santé mentale. La pression constante de maintenir des relations, combinée à la peur de l'abandon et au besoin incessant de plaire, m'a plongée dans un état d'anxiété chronique. Cette anxiété ne se limitait pas à des moments spécifiques de tension ; elle était toujours présente, une toile de fond persistante dans mon quotidien. Avec le temps, cette tension s'est transformée en une forme de dépression, où je me sentais fréquemment désespérée et impuissante.

Sur le plan physique, les effets du stress étaient tout aussi tangibles. J'ai commencé à souffrir de troubles du sommeil, me réveillant souvent au milieu de la nuit avec des pensées anxieuses ou ne parvenant pas à m'endormir. L'épuisement devenait mon état normal, me laissant peu d'énergie pour mes activités quotidiennes. De plus, j'ai développé des problèmes digestifs, probablement dus à l'anxiété constante.

Lors d'une consultation, mon médecin m'a confrontée à ces problèmes de santé. « Votre corps vous envoie des signaux », m'a-t-il dit. « Ces symptômes sont souvent liés au stress et à l'anxiété. Il est important d'en chercher la cause profonde. » Ce commentaire a été un déclic pour moi. Je me suis rendu compte que ma dépendance affective n'était pas seulement un problème émotionnel, mais qu'elle avait des répercussions réelles et sérieuses sur ma santé physique.

Cette combinaison de problèmes mentaux et physiques a eu beaucoup d'effets sur ma qualité de vie. Je me retrouvais souvent trop fatiguée pour profiter de mes loisirs ou passer du temps de qualité avec mes proches. Mon humeur et ma santé fluctuante avaient également des conséquences sur mes interactions sociales, me rendant plus irritable ou moins présente.

Reconnaître l'impact de la dépendance affective sur ma santé a été un élément clé de mon processus de guérison. J'ai commencé à chercher des moyens pour gérer mon stress, comme la méditation, l'exercice régulier et la consultation d'un thérapeute. Ces stratégies m'ont aidée à mieux gérer mes symptômes d'anxiété et à améliorer ma santé physique. Bien que le chemin vers la récupération complète soit long, comprendre et aborder ces problèmes de santé a été une étape cruciale pour améliorer ma qualité de vie globale.

*Le processus de prise de conscience*

La prise de conscience des impacts négatifs de ma dépendance affective a été un tournant décisif dans ma vie. J'ai commencé à réaliser l'étendue des dommages causés par mes comportements dépendants, non seulement dans mes relations personnelles et professionnelles, mais aussi sur ma santé mentale et physique. Cette prise de conscience n'est pas survenue d'un seul coup ; c'était le résultat de nombreux moments de réflexion et de discussions honnêtes avec des personnes de confiance. J'ai progressivement compris que les schémas que je reproduisais constamment n'étaient pas des manifestations de soin ou d'amour, mais plutôt des signes d'une dépendance émotionnelle profondément enracinée.

Certains échanges avec des amis proches ont servi de catalyseurs à cette prise de conscience. Un jour, en bavardant avec Isabelle, elle m'a dit : « Tu sembles toujours épuisée et stressée. Est-ce que tout va bien ? Tu sais, il est important de prendre soin de toi aussi. » Ce simple commentaire a déclenché toute une série de réflexions. J'ai commencé à me demander pourquoi j'avais constamment l'impression de devoir répondre aux attentes des autres, au détriment de mon propre bien-être. Ces discussions m'ont aidée à voir mes comportements sous un nouvel angle et à reconnaître la nécessité d'un changement.

Admettre ces problèmes était la première étape ; passer à l'acte pour changer ma situation en était une autre. J'ai commencé à travailler activement sur l'établissement de limites saines dans mes relations et à l'emploi. J'ai appris à dire « non » lorsque c'était nécessaire et à reconnaître l'importance de prioriser mes propres besoins et mon bien-être. Ce processus n'était pas facile, surtout après des années de comportements contraires, mais il était essentiel pour retrouver un équilibre dans mon existence et pour commencer à guérir des effets de ma dépendance affective.

Tout ceci m'a menée vers une plus grande autonomie et une meilleure stabilité et cela a eu un impact significatif sur ma qualité de vie. En apprenant à prendre soin de moi et à respecter mes propres limites, j'ai pu améliorer mon bien-être général, tant sur le plan émotionnel que physique. Les relations que je forme maintenant sont plus épanouissantes et je me sens plus accomplie dans mon travail. Cette transformation n'a pas été rapide ni facile, mais chaque pas en avant a été un pas vers une vie plus heureuse et plus équilibrée.

# Chapitre 2 : Les racines psychologiques

## 2.1 Enfance et développement

Mon enfance a joué un rôle déterminant dans le développement de ma dépendance affective. Les interactions avec mes parents et d'autres figures d'autorité durant ces années formatrices ont largement influé sur la façon dont j'ai appris à établir des relations et à gérer mes émotions. Par exemple, j'ai grandi dans un environnement où l'affection et l'attention étaient couramment conditionnées par mes performances ou mon comportement. Cette dynamique m'a enseigné, sans que j'en sois consciente à l'époque, que pour être aimée et appréciée, je devais répondre à certaines attentes.

Mes parents, bien qu'aimants, avaient souvent des attentes élevées et une manière particulière de montrer leur affection. Ils valorisaient la réussite et la conformité, ce qui m'a poussée à chercher constamment leur approbation. Je me souviens avoir travaillé dur pour obtenir de bonnes notes ou pour exceller dans diverses activités, dans l'espoir de recevoir cette validation. Ce besoin s'est étendu à mes relations à l'âge adulte, où je me suis retrouvée à désirer cette même approbation de la part de mes partenaires et amis.

Les périodes de rejet ou de négligence que j'ai vécues dans mon enfance ont également laissé une empreinte durable. Certaines occasions où j'ai ressenti un manque de soutien ou d'attention lors de moments importants ont contribué à développer en moi une peur de l'abandon. Cette peur a influencé mes relations futures, me poussant à faire des compromis excessifs et à tolérer des attitudes inacceptables, simplement pour éviter de perdre cette affection.

Reconnaître ces éléments de mon enfance a été un aspect crucial de ma guérison. En comprenant comment mes premières expériences ont façonné mes comportements dépendants, j'ai pu commencer à travailler sur moi-même pour briser ces cycles. Cette prise de conscience m'a aidée à voir que mes comportements n'étaient pas innés, mais plutôt le résultat d'un apprentissage et, par conséquent, quelque chose que je pouvais changer avec du temps et des efforts.

En revisitant mon enfance, je perçois aussi clairement les fondements de ma dépendance affective. L'un des aspects les plus marquants était le sentiment que je devais atteindre la perfection pour gagner l'attention et l'approbation de mes parents. Cette pression n'était pas toujours explicite, mais elle se manifestait dans leurs attentes élevées et dans la manière dont ils valorisaient mes réussites. Qu'il s'agisse de performances scolaires ou d'activités parascolaires, j'ai rapidement appris que l'excellence était le moyen le plus sûr d'obtenir leur reconnaissance et leur fierté.

Cette quête incessante de perfection s'est transformée en une crainte constante du rejet. Chaque fois que je n'atteignais pas les standards élevés que je m'étais fixés, je me sentais profondément anxieuse et déçue. Cette peur de ne pas être à la hauteur a eu un impact considérable sur ma confiance en moi et sur ma capacité à établir des relations équilibrées. J'ai commencé à croire que pour être aimée et acceptée, je devais sans cesse plaire aux autres, un schéma qui s'est malheureusement perpétué dans mes relations à l'âge adulte.

En grandissant, cette tendance à vouloir plaire a façonné mes interactions sociales et amoureuses. Je cherchais des partenaires et des amis qui validaient cette image de perfection que je m'efforçais de maintenir. Toutefois, cette approche a souvent conduit à des relations déséquilibrées, où mes besoins et mes désirs étaient secondaires par rapport à ceux de mon entourage. J'étais tellement absorbée par l'idée de conserver une façade impeccable que je négligeais fréquemment mon authenticité et mon bien-être.

Ce n'est que récemment que j'ai commencé à comprendre l'impact profond de ces expériences d'enfance sur ma vie actuelle. En reconnaissant ces schémas, j'ai pu entreprendre un travail de réflexion et de guérison, apprenant à apprécier ma propre valeur, indépendamment des réalisations ou de l'approbation des autres. Cette prise de conscience a été un pas important vers la construction de relations plus saines et plus authentiques.

*Le rôle des parents*

Le rôle que mes parents ont joué dans mon développement de la dépendance affective est indéniable. Dans mon foyer, l'affection et l'attention n'étaient pas toujours constantes ou inconditionnelles. Cela m'a conduit, dès mon plus jeune âge, à associer l'amour et l'approbation à ma capacité à répondre à certaines attentes, qu'elles soient liées à ma performance scolaire, à mon comportement ou à ma conformité aux normes familiales. Cette association a profondément influencé ma perception de ce que signifie être aimé et valorisé.

L'amour conditionnel que j'ai expérimenté a semé en moi la croyance que ma valeur en tant que personne était directement liée à la façon dont les autres me percevaient et réagissaient à mes actions. Si je réussissais quelque chose ou si je me comportais d'une manière qui plaisait à mes parents, je recevais de l'affection et des éloges. En revanche, si je ne répondais pas à leurs attentes, je ressentais un net retrait de cette affection. Cette dynamique m'a enseigné que, pour être aimée, je devais sans arrêt performer et plaire.

Cette compréhension de l'amour et de la valeur a eu des répercussions importantes sur mes relations ultérieures. J'ai constamment cherché à gagner l'approbation et l'affection des autres, souvent au détriment de mes besoins et désirs. Cette quête incessante d'approbation a conduit à des relations où j'étais plus préoccupée par le maintien de l'harmonie et le contentement des autres que par ma propre satisfaction et mon bien-être.

*Les premières expériences de rejet*

Les premières expériences de rejet ou de négligence dans mon enfance ont eu un impact considérable sur ma vie émotionnelle et mes relations futures. Ces instants, où je me suis sentie ignorée ou mise à l'écart, ont gravé en moi une peur de l'abandon qui a perduré bien au-delà de ces années formatrices. Par exemple, je me souviens de moments lors d'événements familiaux ou scolaires où j'ai eu l'impression d'être invisible ou oubliée. Ces expériences, apparemment mineures à l'époque, ont semé en moi un sentiment d'insécurité et de non-appartenance.

Ces instants de négligence ne se limitaient pas à des occasions isolées ; ils créaient un schéma récurrent qui a façonné ma perception de moi-même et de mes relations. Lorsque je n'étais pas reconnue pour mes accomplissements ou consolée dans mes moments de tristesse, je commençais à croire que je devais mériter l'attention et l'affection. Cette croyance a instillé en moi un besoin constant d'assurance et de validation de la part des autres, me rendant démesurément dépendante de leur approbation pour me sentir valorisée.

Cette peur de l'abandon née dans l'enfance s'est manifestée de manière plus prononcée à l'âge adulte, particulièrement dans mes relations amoureuses et amicales. Je me retrouvais régulièrement à faire des compromis excessifs ou à ignorer mes propres limites dans le but de maintenir les liens et d'éviter le rejet. Cette tendance à me plier aux désirs des autres, par crainte de perdre leur affection, a souvent conduit à des rapports déséquilibrés et insatisfaisants.

La prise de conscience de l'influence de mon enfance sur ma dépendance affective a joué un rôle fondamental dans mon cheminement vers la guérison. Cela a impliqué un processus d'introspection profonde et parfois douloureuse, où j'ai dû faire face à des vérités inconfortables sur moi-même et sur mon passé. En reconnaissant comment les comportements et les attitudes de mon enfance ont façonné mes relations et mon estime de moi à l'âge adulte, j'ai pu commencer à comprendre la nature de ma dépendance affective.

*La compréhension de soi*

La compréhension approfondie de l'impact de mon enfance sur mes tendances à la dépendance affective a été un pilier de mon processus de guérison. Comprendre que les schémas que j'ai développés au fil des ans étaient enracinés dans mes expériences d'enfance m'a ouvert les yeux sur la nécessité de changer. Cette prise de conscience n'a pas été un moment isolé, mais plutôt une série de révélations qui m'ont progressivement amenée à reconnaître et à affronter les racines de ma dépendance.

J'ai dû examiner attentivement les différentes manières dont mes expériences d'enfance ont façonné mes réactions et mes relations à l'âge adulte. En comprenant la source de ma peur de l'abandon et de ma quête de validation, j'ai pu commencer à travailler activement sur moi-même pour modifier ces attitudes. Ce processus a impliqué à la fois une autoréflexion et la recherche d'un soutien professionnel pour m'aider à naviguer dans ces eaux troubles.

En abordant ces problèmes à la racine, j'ai pu progresser vers la formation de relations plus saines. Cela ne signifiait pas simplement éviter les comportements dépendants, mais aussi apprendre à établir des rapports basés sur l'égalité, le respect et l'authenticité. J'ai appris à me valoriser pour qui je suis, plutôt que pour ce que je pensais que les autres voulaient que je sois. Cette évolution a été essentielle pour développer un sens de l'identité plus fort et plus autonome.

La prise de conscience de l'origine de ma dépendance affective a non seulement amélioré mes relations, mais elle a également renforcé mon sens de l'identité. En comprenant et en guérissant ces blessures passées, j'ai gagné en confiance et en autonomie. Ce voyage vers la compréhension et la guérison n'a pas été facile, mais il a été l'un des plus gratifiants de mon existence, me permettant de vivre de manière plus équilibrée et épanouie.

## 2.2 Influence des relations passées

Les relations que j'ai vécues par le passé ont été déterminantes dans l'évolution de ma dépendance affective. Bien que certaines de mes tendances à la dépendance aient été présentes avant ces relations, elles ont été notablement amplifiées et façonnées par les interactions et les dynamiques spécifiques de chaque relation. Dans certains cas, ces expériences ont non seulement renforcé mes comportements dépendants existants, mais ont également conduit au développement de nouveaux schémas de dépendance, ce qui a profondément impacté ma façon de me lier aux autres.

Dans plusieurs de mes relations antérieures, j'ai observé une tendance à mettre mes propres besoins et désirs de côté pour me conformer aux attentes de mon partenaire. Cette tendance n'était pas seulement le résultat de mes insécurités internes, mais était aussi exacerbée par la nature de la relation elle-même. Par exemple, si mon partenaire se montrait distant ou peu réceptif, je redoublais d'efforts pour obtenir son affection et son attention, ce qui renforçait ma peur de l'abandon et ma dépendance émotionnelle.

Certaines relations, en particulier celles qui étaient déséquilibrées ou toxiques, ont joué un rôle crucial dans la création de nouveaux modèles de dépendance affective. Les dynamiques de ces relations, où je me sentais constamment sur la défensive ou dans le besoin de validation, m'ont poussée à adopter des comportements de plus en plus dépendants. Ces cycles devenaient bien plus difficiles à briser, alimentant un cercle vicieux d'insécurité et de peur.

La prise de conscience de l'influence de ces relations passées sur ma dépendance affective a été un élément clé de mon processus de guérison. En identifiant ces modèles et en comprenant leur origine, j'ai pu commencer à aborder ces comportements de manière constructive. Cela m'a aidée à reconnaître l'importance de maintenir ma propre identité et mes besoins dans une relation, plutôt que de me perdre dans le désir de plaire à l'autre. En rompant ces schémas de dépendance, j'ai progressivement établi des fondations pour des rapports plus sains et plus équilibrés.

*Schémas répétitifs dans les relations*

Au fil de mes relations, j'ai remarqué un schéma répétitif qui a fortement influencé ma perception de moi-même et de mes interactions avec les autres. Dans chacune de ces relations, je me suis retrouvée à prioriser systématiquement les besoins, les désirs et les opinions de mon partenaire, souvent au détriment des miens. Cette tendance à me conformer n'était pas simplement une réponse à mes insécurités, mais elle était également alimentée par la dynamique spécifique de chaque relation. Il semblait que plus je m'effaçais, plus je devenais dépendante affectivement de mon compagnon.

Cette propension à changer ou à adapter mes opinions et mes plans pour satisfaire les autres était particulièrement frappante. Par exemple, si mon partenaire exprimait une préférence pour un certain type de film ou de cuisine, je m'alignais sur son choix, même si cela allait à l'encontre de mes propres inclinations. Avec le temps, cette adaptation constante ne se limitait plus aux petites décisions, mais s'étendait à des aspects plus significatifs de ma vie, comme mes valeurs et mes croyances.

La nature même de ces relations semblait renforcer mon comportement dépendant. Dans les situations où mon compagnon se montrait peu attentif ou émotionnellement distant, je redoublais d'efforts pour répondre à ses besoins dans l'espoir de gagner son affection et son attention. Cette dynamique a créé un cercle vicieux où ma dépendance émotionnelle s'accroissait à mesure que je m'évertuais à maintenir la relation, me rendant de plus en plus vulnérable à la négligence et au rejet.

Ce schéma a eu un impact profond sur mon identité et mon bien-être. J'ai progressivement perdu le sens de qui j'étais et de ce que je voulais réellement, me définissant au fur et à mesure à travers le prisme de mes relations. Reconnaître cette tendance a été douloureux, mais nécessaire, pour entamer un processus de changement, pour apprendre à me respecter et à établir des relations sur un pied d'égalité, où mes besoins et désirs sont aussi valorisés que ceux de mon partenaire.

*Et parfois, de nouveaux schémas apparaissent...*

D'après mon expérience, j'ai remarqué que ce sont les relations les plus difficiles et déséquilibrées qui ont eu un impact considérable sur l'intensification de ma dépendance affective. Particulièrement dans les situations où j'étais en relation avec un partenaire distant ou peu communicatif, mon premier réflexe était de redoubler d'efforts pour obtenir son attention et son affection. Cette dynamique a eu pour effet d'augmenter grandement mon niveau d'anxiété et de renforcer ma peur sous-jacente de l'abandon.

Chaque fois que je me trouvais dans une telle relation, mes réactions étaient de plus en plus marquées. Je me sentais sans cesse sur la défensive, essayant désespérément de deviner ce que je pouvais faire pour améliorer la situation. Ces phases étaient ponctuées par une anxiété accrue, car je craignais que chaque petit désaccord ou période de silence ne soit le prélude à une rupture. Cette peur constante d'être abandonnée alimentait un cycle où je devenais progressivement dépendante émotionnellement de mon partenaire, même dans un contexte toxique.

Ces relations toxiques ont créé et renforcé un cycle vicieux de dépendance affective. Plus je me sentais négligée ou rejetée, plus je m'efforçais de me rendre indispensable à mon compagnon. Cela se traduisait par une série de comportements où je sacrifiais mes propres besoins, mes opinions, voire ma santé mentale, dans l'espoir de maintenir la relation. Malheureusement, ces efforts étaient souvent vains, car ils reposaient sur la fausse croyance que je pouvais contrôler les sentiments ou les actions de l'autre personne.

Prendre conscience de ces schémas destructeurs a été un moment crucial pour moi. J'ai commencé à comprendre que ma valeur ne dépendait pas de la capacité à retenir quelqu'un qui n'était pas disposé à s'investir émotionnellement dans la relation. Cette prise de conscience m'a aidée à rompre progressivement ces cycles de dépendance affective et à chercher des relations plus saines et équilibrées, où mon bien-être et mon autonomie étaient prioritaires.

*On apprend avec l'expérience*

Bien que douloureuses, mes expériences passées ont été instructives. Elles m'ont enseigné des leçons précieuses sur moi-même et sur la façon dont je m'engage dans les relations. Avec le temps, j'ai commencé à réaliser à quel point j'avais négligé mes besoins et désirs, cherchant désespérément à maintenir des relations, même au prix de mon bonheur personnel. Cette prise de conscience a été un moment crucial, me faisant comprendre que pour briser ces cycles de dépendance, je devais apprendre à valoriser mon identité et à respecter mes propres valeurs.

À travers ces relations, j'ai constaté que je m'effaçais régulièrement pour répondre aux attentes de l'autre. Je modifiais souvent mes plans, mes opinions et même mes convictions pour éviter les conflits et pour plaire à mon partenaire. Cette tendance à l'autonégligence n'était pas seulement préjudiciable pour moi, mais elle empêchait également l'établissement de rapports authentiques et équilibrés.

J'ai appris qu'une relation saine n'exige pas de sacrifier qui je suis. Au contraire, elle devrait valoriser et respecter mon individualité. J'ai commencé à pratiquer l'affirmation de soi, exprimant mes besoins et mes opinions avec assurance, tout en restant ouverte aux envies et aux perspectives de l'autre.

Ce processus d'apprentissage m'a conduit à établir des relations plus saines et plus authentiques. En me conformant à mes propres limites et en ne compromettant pas mes valeurs, j'ai pu développer des connexions plus profondes et plus significatives. Cela a également augmenté mon estime de moi et m'a permis de m'engager dans des relations où la réciprocité et le respect mutuel sont la norme, et non l'exception.

# Chapitre 3 : Les facteurs socioculturels

## 3.1 Influence de la société et de la culture

Les normes sociales et culturelles ont eu une influence considérable sur le développement de ma dépendance affective. Dans la société où j'ai grandi, il y a des attentes bien définies en ce qui concerne les relations amoureuses et interpersonnelles. L'idée prédominante que le bonheur dépend de la présence d'un partenaire ou d'un cercle social étendu a profondément influé sur ma façon de percevoir mes relations. Je me suis souvent sentie incomplète sans une relation amoureuse ou un groupe d'amis proches, ce qui m'a poussée à rechercher constamment ces connexions, parfois de manière malsaine.

Cette pression sociale a été sans arrêt renforcée par les commentaires et les questions de mon entourage. « Alors, tu vois quelqu'un en ce moment ? » ou « Tu ne devrais pas être seule, tu mérites quelqu'un de bien » étaient des phrases courantes que j'entendais lors de réunions familiales ou entre amis. Ces remarques, bien que souvent bien intentionnées, soulignaient la théorie selon laquelle ma valeur et mon bonheur dépendaient de ma situation relationnelle. Elles renforçaient l'idée que, sans une relation, ma vie était de quelque manière incomplète.

Cette mentalité sociétale a eu un impact direct sur mon estime de moi et sur ma perception des relations saines. Je me suis retrouvée à évaluer ma valeur en fonction de ma capacité à attirer et à maintenir des relations, plutôt que sur mes qualités intrinsèques ou mes accomplissements personnels. Ce besoin de validation externe, alimenté par les normes culturelles, a accru mon anxiété et ma peur de l'abandon, me rendant plus vulnérable à des relations où ma dépendance affective était exacerbée.

Prendre conscience de l'impact de ces normes sociétales a été un élément essentiel de mon processus de guérison. J'ai fini par remettre en question les attentes de la société et à reconnaître que le véritable bonheur et l'accomplissement ne dépendent pas uniquement de la présence d'autrui, mais aussi de ma propre capacité à être heureuse et épanouie en tant qu'individu. Cette prise de conscience m'a permis de commencer à déconstruire mes schémas de dépendance affective et à rechercher des relations plus équilibrées et authentiques.

*La représentation des relations dans les médias*

L'impact des médias sur ma conception des relations amoureuses et interpersonnelles a été significatif. Les films, les séries télévisées et les romans, avec leurs récits dramatiques et romantiques, ont fréquemment présenté des scénarios où les protagonistes faisaient des sacrifices considérables pour l'amour. Ces histoires m'ont inculqué l'idée que pour qu'une relation soit valable, elle devait être marquée par un dévouement extrême et des sacrifices constants. Cette représentation romantique, bien que séduisante, a déformé ma compréhension de ce qu'est une relation saine et équilibrée.

En regardant ces œuvres, j'ai absorbé inconsciemment la théorie selon laquelle les relations étaient censées être intenses, tumultueuses et souvent douloureuses pour être vraies. Des dialogues tels que « Je ferais n'importe quoi pour toi » ou « Sans toi, je ne suis rien » renforçaient cette perception. Ces mots, bien que dramatiques et captivants à l'écran, m'ont laissé croire que de tels extrêmes étaient non seulement normaux, mais désirables dans la vie réelle. Cette attente irréaliste a régulièrement conduit à des déceptions et à une augmentation de ma dépendance affective dans mes propres relations.

Cette influence médiatique a créé une distorsion entre la réalité et la fiction dans mon esprit. J'ai commencé à mesurer mes relations à l'aune de ces scénarios idéalisés, me sentant souvent insatisfaite ou inadéquate lorsque mes expériences ne correspondaient pas à ces standards dramatiques. Cette quête de l'intensité et du sacrifice dans les relations a non seulement renforcé ma dépendance affective, mais m'a également rendue moins apte à apprécier la beauté des relations plus calmes et stables.

Reconnaître l'influence de ces représentations médiatiques a été une étape importante pour réévaluer mes attentes en matière de relations. J'ai appris à discerner le spectaculaire de la réalité, à comprendre que les relations saines ne reposent pas sur des sacrifices extrêmes ou un dévouement inconditionnel, mais plutôt sur la communication, le respect mutuel et un soutien équilibré. Cette prise de conscience m'a aidée à rechercher des relations plus authentiques et moins influencées par les idéaux romantiques irréalistes véhiculés par les médias.

*Les réseaux sociaux et la pression de l'apparence*

Avec l'avènement des réseaux sociaux, une nouvelle facette de la pression sociale est apparue, influençant considérablement ma dépendance affective. Sur ces plateformes, la tendance à mettre en scène une vie parfaite, notamment dans le domaine des relations, est devenue omniprésente. J'ai constaté que je passais un temps colossal à observer les publications d'autres personnes, souvent en me comparant à elles. Chaque photo de couple heureux, chaque statut romantique semblait établir un standard que je ressentais le besoin de rencontrer. Cette pression de maintenir une apparence idéalisée a intensifié mon besoin d'approbation et de validation de la part des autres.

La quête de « likes » et de commentaires positifs sur les réseaux sociaux est devenue pour moi une véritable course à l'approbation. Chaque fois que je partageais une photo ou une mise à jour, je me retrouvais à surveiller les réactions anxieusement. Si les retours étaient positifs, je ressentais une bouffée de satisfaction, mais si la réponse était tiède ou inexistante, ma confiance en moi en prenait un coup. Cette dépendance à l'approbation en ligne a renforcé mon insécurité dans les relations réelles, me faisant constamment douter de ma valeur en dehors de l'appréciation virtuelle.

Un jour, en discutant avec une amie, je lui ai confié mes inquiétudes concernant les réseaux sociaux. « Je me sens parfois tellement déprimée quand je regarde les photos des autres. Tout le monde semble avoir une vie parfaite », ai-je avoué. Elle a répondu : « Tu sais, ce n'est souvent qu'une façade. Les gens ne montrent que ce qu'ils veulent. Tu ne devrais pas te comparer à ces images idéalisées. » Cette conversation a été un déclic pour moi. Elle m'a aidé à comprendre que cette obsession de l'apparence et de la validation en ligne ne faisait qu'aggraver ma dépendance affective.

*Rompre avec toutes ces attentes*

La prise de conscience de l'impact des normes sociales et culturelles sur ma tendance à la dépendance affective a marqué un tournant significatif dans mon développement personnel. J'ai commencé à remettre en question les attentes souvent irréalistes que la société et les médias imposent, en particulier en ce qui concerne les relations. Cette remise en question m'a permis de reconnaître que beaucoup de ces normes étaient non seulement invraisemblables, mais aussi nuisibles à ma santé mentale et émotionnelle. En me libérant de la nécessité de me conformer à ces idéaux, j'ai pu commencer à forger des relations plus sincères, fondées sur le respect mutuel et l'authenticité, plutôt que sur des attentes superficielles.

Lors de conversations avec des amis et des proches, j'ai souvent exprimé mon malaise face à ces pressions culturelles. « Je me sens comme si je devais constamment correspondre à une certaine image pour être acceptée », ai-je partagé un jour. Un ami m'a répondu : « Mais ce n'est pas toi. Tu devrais te concentrer sur ce qui te rend heureuse, pas sur ce que les autres attendent de toi. » Ces dialogues ont été essentiels pour renforcer ma décision de rompre avec ces attentes sociales et culturelles.

En rejetant ces idéaux irréalistes, j'ai commencé à développer une nouvelle compréhension de ce qui constitue une relation saine et épanouissante. Plutôt que de chercher à correspondre à un modèle idéalisé, j'ai appris à valoriser la sincérité, la communication ouverte et l'égalité dans mes interactions avec les autres. Cette approche plus équilibrée a eu un impact positif non seulement sur mes relations, mais aussi sur ma propre estime de moi.

Cette nouvelle orientation m'a aidée à établir des relations plus authentiques et significatives. En m'affranchissant des attentes socioculturelles, j'ai pu être plus fidèle à moi-même et plus honnête dans mes relations. Cela a permis de créer des liens basés sur une compréhension et un respect mutuels profonds, sans la pression de devoir constamment plaire ou impressionner. En fin de compte, rompre avec ces attentes m'a libérée d'une grande partie de l'anxiété et de l'insécurité liées à ma dépendance affective.

## 3.2 Rôle des médias et des stéréotypes

Ma relation avec les médias et leur influence sur ma confiance en moi a été complexe et profonde. Dans un monde dominé par les réseaux sociaux, la télévision et la publicité, je me suis sans cesse retrouvée confrontée à des images et des récits idéalisés qui semblent définir les standards de la beauté, du succès et du bonheur. Ces représentations parfaites, généralement lointaines de la réalité, ont créé en moi une pression constante pour atteindre ces standards élevés. À chaque fois que je voyais ces images de perfection, je ne pouvais m'empêcher de me comparer et de ressentir que je ne mesurais pas à ces idéaux.

Cette quête de l'approbation médiatique s'est manifestée dans de nombreux aspects de ma vie. « Pourquoi ne puis-je pas être comme eux ? », me suis-je souvent demandé en parcourant les flux de réseaux sociaux, remplis de personnes qui semblaient avoir tout pour elles. Ces moments de doute ont nourri une insécurité croissante en moi, sapant ma confiance et renforçant ma dépendance affective. Je cherchais constamment à valider mon apparence, mes réalisations et même mes relations à travers le prisme déformant de ces standards médiatiques.

Un jour, en exprimant ces frustrations à un ami, je lui ai avoué : « Je me sens toujours en deçà des attentes. Tout le monde semble vivre des vies parfaites, sauf moi. » Il a répondu : « Tu ne devrais pas te juger selon les standards des médias. Ce n'est souvent qu'une illusion. Ta valeur ne se mesure pas à ces images irréalistes. » Ce dialogue a été un élément déclencheur pour moi, m'aidant à réaliser l'impact toxique de la comparaison constante avec les idéaux médiatiques.

Cette prise de conscience a été le début d'un parcours pour développer une confiance en moi plus authentique et indépendante des médias. J'ai commencé à me concentrer sur mes qualités uniques, mes réussites personnelles et à me valoriser pour qui je suis réellement, plutôt que pour une image idéalisée. En me détachant progressivement de l'influence des médias, j'ai pu renforcer ma confiance en moi et diminuer ma dépendance à l'approbation externe.

*Stéréotypes et dépendance affective*

Les stéréotypes, en particulier ceux relatifs aux rôles de genre et aux attentes en matière de relations, ont eu une forte influence dans ma tendance à la dépendance affective. La société, à travers divers médias, m'a souvent présenté l'idée que pour être complète ou heureuse, il fallait être en couple. Cette notion a profondément influé sur ma façon de voir les relations.

Je me suis retrouvée à chercher constamment l'approbation et l'affection dans mes relations amoureuses, croyant que mon bonheur dépendait entièrement de la présence d'un partenaire. Ce besoin de validation a alimenté un cycle de dépendance affective où ma propre estime de moi était étroitement liée à mon statut relationnel.

Cette pression de me conformer aux attentes sociétales n'a fait qu'exacerber ma dépendance affective. « Tu devrais trouver quelqu'un » ou « Tu serais tellement plus heureuse si tu étais en couple » étaient des phrases que j'entendais régulièrement de la part de la famille et des amis. Ces commentaires renforçaient l'idée que ma valeur en tant qu'individu était intrinsèquement liée à ma vie amoureuse. Chaque fois que je me retrouvais célibataire, je ressentais une pression intense pour entrer dans une nouvelle relation, parfois au détriment de ma propre santé mentale et émotionnelle.

Il y a eu des moments de réflexion profonde où je me suis interrogée sur ces croyances. « Est-ce que je veux vraiment être en couple, ou est-ce que je cherche juste à répondre à ce que la société attend de moi ? », me suis-je souvent demandé. Ces questions m'ont aidée à prendre conscience que cette quête n'était pas toujours motivée par un désir réel, mais plutôt par une tentative de combler un vide créé par des attentes sociétales.

Reconnaître l'impact de ces stéréotypes a été essentiel pour commencer à me défaire de ma dépendance affective. J'ai appris à trouver de la valeur en moi, indépendamment de ma situation relationnelle. Cette prise de conscience m'a permis de développer une indépendance émotionnelle où je ne dépendais plus de la validation d'un partenaire pour me sentir complète. En rompant avec ces attentes stéréotypées, j'ai pu établir des relations plus saines, basées sur un désir authentique de connexion plutôt que sur la pression de me conformer.

*Les médias et la perception de la réalité relationnelle*

Les médias ont joué un rôle significatif dans la formation de ma perception de ce qu'est une relation « normale » ou « idéale ». Les films, les séries, et même les réseaux sociaux présentent fréquemment une image idéalisée des relations amoureuses, dépeignant des scénarios où tout est parfait, sans conflit ni désaccord majeur. Cette vision romantique, bien que séduisante, est loin de la complexité et des défis des relations réelles. J'ai souvent trouvé que ces représentations médiatiques m'incitaient à aspirer à des standards irréalistes, me laissant insatisfaite et déçue de mes propres relations, qui semblaient bien pâles en comparaison.

Cette influence médiatique a façonné mes attentes en matière de relations. J'ai commencé à croire que si ma relation n'était pas aussi parfaite que celles que je voyais à l'écran ou sur les réseaux sociaux, alors quelque chose devait être fondamentalement mauvais. « Pourquoi ma relation n'est-elle pas comme celle que j'ai vue dans ce film ? », me suis-je parfois demandé, remettant en question la validité et la profondeur de mes expériences amoureuses.

Lors d'une séance avec mon conseiller, j'ai exprimé ces inquiétudes : « Je me sens comme si ma relation devait ressembler à ce que je vois dans les médias, sinon elle n'est pas assez bonne. » Il a répondu : « Les médias présentent souvent une version idéalisée et simplifiée des relations. Il est important de se rappeler que chaque relation est unique et a ses propres défis. » Cette conversation a été un moment d'éveil pour moi, me faisant réaliser que je comparais ma vie à une fiction.

Cette prise de conscience m'a aidée à développer une compréhension plus réaliste des relations. J'ai appris à accepter que les désaccords et les défis fassent partie intégrante de toute relation saine et que chercher une perfection irréaliste n'était ni raisonnable ni concevable. En me libérant de l'emprise de ces représentations médiatiques, j'ai commencé à apprécier la beauté et la valeur des imperfections dans mes relations, reconnaissant que ces imperfections contribuent à la profondeur et à l'authenticité des connexions humaines.

*S'épanouir indépendamment des médias*

Ma lutte contre l'influence néfaste des médias sur ma perception de moi-même a été un parcours essentiel vers l'indépendance émotionnelle. J'ai reconnu la nécessité de développer une confiance en moi qui ne dépende pas des standards souvent irréalistes véhiculés par les médias. Ce processus a impliqué de m'éloigner activement des messages omniprésents qui dictent comment je devrais être, agir, ou paraître. J'ai commencé à me concentrer sur mes propres qualités et réalisations, apprenant à apprécier ma valeur intrinsèque, loin des images parfaites et des scénarios idéalisés.

Cette prise de conscience a été renforcée par des moments de réflexion personnelle. «Pourquoi est-ce que je laisse ces images et histoires définir ma valeur?», me demandais-je souvent. En remettant en question ces normes médiatiques, j'ai commencé à voir la beauté et la force dans mes imperfections et dans la réalité de ma vie. Ce changement de perspective m'a permis de me libérer progressivement de la dépendance aux validations externes et de raffermir ma confiance en moi.

En discutant de ces questions avec des amis, j'ai trouvé du soutien et des optiques différentes. « Tu es bien plus que ce que les médias te disent d'être», m'a un jour lancé un proche. Ces conversations ont joué un rôle crucial dans ma démarche, me rappelant que la véritable estime de soi vient de l'intérieur et non de l'approbation des médias ou de la société.

En me détachant de la pression des médias, j'ai commencé à me construire une vie qui reflète mes réels intérêts, passions et valeurs. J'ai appris à établir des relations basées sur des attentes réalistes, une compréhension mutuelle et un respect sincère, loin des idéaux fantaisistes promus par les médias. Cette indépendance vis-à-vis des influences médiatiques a marqué un pas important vers une existence plus épanouie et authentique, où ma confiance et mon estime de moi sont ancrées dans ma propre réalité et non dans une image fabriquée.

# Partie 2 – Comment se sortir de la dépendance affective ?

# Chapitre 4 : Les approches thérapeutiques

## 4.1 Thérapie individuelle

Admettre que j'avais besoin d'aide professionnelle n'a pas été une décision facile. C'était reconnaître que je ne pouvais pas résoudre mes difficultés seule, et cela a nécessité une certaine vulnérabilité de ma part. La thérapie est devenue un sanctuaire pour moi, un espace où je pouvais explorer en toute sécurité les aspects les plus cachés de mon esprit et de mon cœur. J'y ai trouvé une oreille attentive et un soutien sans jugement, ce qui m'a permis de me confronter à mes problèmes les plus profonds.

Au cours de mes séances, j'ai progressivement dévoilé les couches de ma dépendance affective. Chaque session était une opportunité pour mieux comprendre les événements et les relations passés qui ont façonné mes comportements actuels. « Pourquoi est-ce que je réagis de cette manière dans mes relations ? », ai-je souvent demandé à mon thérapeute. Ensemble, nous avons exploré mes expériences d'enfance, mes anciennes relations et mes croyances sur moi-même et les autres. Ces discussions m'ont aidée à identifier les schémas destructeurs et à commencer à les démanteler.

Mon thérapeute m'a guidée à travers différentes approches pour gérer et transformer mes comportements dépendants. J'ai appris des méthodes pour reconnaître mes pensées et mes émotions négatives et pour les aborder de manière constructive. Par exemple, j'ai été initiée à des techniques de pleine conscience pour rester ancrée dans le présent et à la thérapie cognitivo-comportementale pour changer mes schémas de pensée. Appliquer ces stratégies dans ma vie quotidienne n'a pas été simple, mais c'était essentiel pour mon progrès.

La thérapie m'a aidée à cultiver une estime de moi plus solide et à développer une plus grande autonomie émotionnelle. J'ai appris à valoriser mes propres besoins, à établir des limites claires et à chercher des relations basées sur le respect mutuel plutôt que sur la nécessité. « Je commence à me sentir plus forte, plus capable de gérer mes émotions », ai-je partagé dans une de mes dernières séances. Cette prise de conscience a été un moment clé dans ma démarche vers des rapports plus saine et une plus grande indépendance émotionnelle.

*À la découverte de mon moi profond*

La thérapie est devenue pour moi une véritable exploration intérieure. Chaque séance avec mon thérapeute s'apparentait à un voyage au cœur de mon esprit, une quête pour démêler le complexe enchevêtrement de mes expériences passées. C'était une occasion unique de me pencher sur les événements et les interactions qui ont façonné ma personnalité et mes comportements, notamment ma tendance à la dépendance affective. « Pourquoi est-ce que je réagis ainsi ? », me suis-je fréquemment demandé. Ensemble, nous avons déterré des souvenirs et des émotions, parfois douloureux, parfois éclairants, me permettant de comprendre comment des épisodes apparemment insignifiants avaient en fait laissé des empreintes profondes sur mon comportement.

Au fil des séances, j'ai commencé à identifier des schémas et des croyances profondément enracinés. Il y avait des moments de révélation, où je prenais conscience d'une attitude ou d'une conviction qui avait longtemps influencé mes relations. « Je vois maintenant pourquoi je me comporte ainsi dans mes relations », ai-je dit à l'occasion, surprise par mes propres découvertes. Mon thérapeute m'aidait à relier ces prises de conscience à mes comportements actuels, m'offrant une perspective plus claire sur la manière dont mon passé influait sur mon présent.

Ces séances ont été cruciales pour ma compréhension de la dépendance affective. En reconnaissant les origines de mes comportements, j'ai pu commencer à les changer. « C'est comme si j'avais porté des lunettes colorées toute ma vie, et que je les enlevais enfin », ai-je expliqué lors d'une séance. Chaque nouvelle prise de conscience était un pas vers un changement positif, me permettant de défaire les schémas néfastes et d'adopter des attitudes plus saines dans mes relations.

Grâce à la thérapie, j'ai progressivement développé une autonomie émotionnelle. J'ai appris à reconnaître et à valoriser mes propres besoins, à établir des limites saines et à ne plus chercher de validation externe pour me sentir complète. « Je commence à me sentir plus indépendante, plus en contrôle de mes émotions et de mes relations », ai-je annoncé à mon thérapeute. Cette autonomie nouvellement acquise a été un élément clé pour surmonter ma dépendance affective et construire des relations plus équilibrées et épanouissantes.

*Techniques et stratégies thérapeutiques*

En thérapie, j'ai appris beaucoup de nouvelles techniques et stratégies pour gérer mes émotions et mes comportements dépendants. Mon thérapeute m'a initiée à des approches comme la thérapie cognitivo-comportementale (TCC), qui s'est avérée être un outil puissant pour m'aider à reconnaître et à modifier mes schémas de pensée et de comportement. « Comment puis-je changer cette pensée négative en une plus positive ? », ai-je régulièrement demandé en séance. Ensemble, nous avons travaillé sur des techniques spécifiques, telles que le journaling et la restructuration cognitive, pour m'aider à défier et à remplacer les pensées et croyances destructrices qui alimentaient ma dépendance affective.

Ces techniques thérapeutiques n'ont pas seulement joué un rôle dans la gestion de ma dépendance affective ; elles ont également eu un impact positif sur ma communication et mes interactions dans mes relations personnelles et professionnelles. J'ai appris à communiquer de manière plus efficace, à formuler mes besoins et mes sentiments sans peur ni hésitation. « J'ai réussi à exprimer mes sentiments sans me sentir vulnérable », ai-je fièrement partagé avec mon thérapeute après une conversation réussie avec un collègue. Cette amélioration de mes compétences en communication m'a aidée à établir des rapports plus sains et plus équilibrés.

Au fur et à mesure que je mettais en application ces techniques dans ma vie quotidienne, j'ai commencé à remarquer un renforcement de ma confiance en moi et de mon autonomie. « Je me sens plus forte et plus capable de gérer des situations difficiles par moi-même », ai-je constaté lors des séances de suivi. La capacité de gérer mes émotions de manière indépendante et de réagir de façon plus réfléchie aux situations a marqué une étape importante dans ma lutte contre la dépendance affective.

Cette expérience thérapeutique a été transformative. Chaque technique apprise et chaque stratégie mise en œuvre m'ont rapprochée d'une version de moi-même plus saine et plus autonome. En reconnaissant et en changeant activement mes pensées et comportements destructeurs, j'ai pu non seulement gérer ma dépendance affective, mais aussi améliorer de façon significative la qualité de mes relations et de ma vie quotidienne. «La thérapie m'a donné les outils pour être ma propre source de force et de stabilité», ai-je résumé lors de notre dernière séance, reconnaissante pour le chemin parcouru.

*Vers une plus grande autonomie*

Mon parcours en thérapie a été essentiel pour développer une estime de moi plus solide et pour gagner en autonomie. Avant la thérapie, mes sentiments et mes besoins étaient souvent relégués au second plan, éclipsés par mon désir de plaire et ma crainte de l'abandon. Mais au fur et à mesure des séances, j'ai appris à placer une plus grande valeur sur mes propres émotions et désirs. «J'ai le droit de me sentir ainsi», me suis-je fréquemment répété, un mantra qui m'a aidé à renforcer ma confiance en moi. Cette prise de conscience a été un élément clé pour commencer à établir des limites saines dans mes relations.

Apprendre à établir des limites a été une révélation pour moi. Avant, je craignais que fixer des limites ne pousse les gens à me rejeter. Cependant, en thérapie, j'ai compris que les limites ne sont pas des barrières pour repousser les gens, mais des balises pour protéger ma santé mentale et émotionnelle.

«Comment puis-je établir cette limite de manière respectueuse?», ai-je demandé de temps en temps à mon thérapeute. Ensemble, nous avons exploré des moyens de communiquer mes besoins et mes attentes clairement et avec bienveillance.

Un autre changement significatif a été ma nouvelle approche des relations. Au lieu de chercher constamment l'approbation ou de m'adapter pour satisfaire les autres, j'ai commencé à rechercher des relations équilibrées et réciproques. «Je mérite une relation où mes sentiments sont respectés et valorisés», me disais-je. Cette nouvelle attitude m'a permis de forger des liens plus sains, où je me sentais écoutée et appréciée pour qui je suis vraiment.

En développant une meilleure estime de moi et en apprenant à établir des limites, j'ai pu réduire mon besoin de validation externe. «Je ne suis plus la même personne qui avait constamment besoin des autres pour se sentir complète», ai-je annoncé lors d'une séance. Cette croissance personnelle m'a permis de vivre des relations plus épanouissantes, marquées par un sentiment d'équilibre et de satisfaction mutuelle.

## 4.2 Thérapie de groupe et soutien communautaire

Lorsque j'ai décidé de rejoindre une thérapie de groupe, je ressentais un mélange d'appréhension et de curiosité. L'idée de partager mes luttes intimes avec un groupe de personnes que je ne connaissais pas me semblait à la fois intimidante et quelque peu effrayante. Néanmoins, poussée par le désir de surmonter ma dépendance affective, j'ai franchi le pas. Dès les premières séances, je me suis rendu compte que cette démarche allait jouer un rôle déterminant dans mon cheminement. « Je suis ici pour apprendre et guérir », me disais-je en entrant dans la salle. L'accueil chaleureux et l'atmosphère compréhensive du groupe m'ont rapidement rassurée.

Au fil des séances, j'ai découvert un puissant sentiment de solidarité et d'empathie au sein du groupe. Écouter les récits des autres participants, leurs luttes, leurs succès et leurs échecs, a été une expérience profondément humaine. « Votre histoire ressemble tellement à la mienne », ai-je réagi lors d'une séance, étonnée de constater à quel point nos expériences étaient similaires. Ces moments de partage ont renforcé mon sentiment d'appartenance et m'ont fait comprendre que je n'étais pas seule dans ma lutte contre la dépendance affective.

Chaque histoire partagée, chaque conseil donné et reçu, a contribué à ma compréhension de la dépendance affective. J'ai appris de nouvelles stratégies pour contrôler mes émotions, à communiquer plus efficacement et à établir des limites saines. « Comment avez-vous géré cette situation difficile ? », ai-je fréquemment demandé, cherchant à tirer des leçons des expériences des autres. Les réponses m'ont non seulement apporté des perspectives inédites, mais ont aussi renforcé ma confiance en ma capacité à changer.

La thérapie de groupe m'a aidée à briser les murs de l'isolement et à m'ouvrir à l'entraide et au soutien mutuel. J'ai commencé à voir des changements positifs dans ma gestion de la dépendance affective, et également dans ma vie sociale et professionnelle. « Je me sens plus forte, plus connectée aux autres et plus équipée pour faire face aux défis », ai-je constaté vers la fin de mon parcours en thérapie de groupe. Cette expérience m'a permis de gagner en autonomie émotionnelle et en confiance, m'ouvrant la voie vers des relations plus saines et plus épanouissantes.

*Apprendre des autres*

À chaque séance de thérapie de groupe, j'ai été confrontée à une richesse d'expériences et de perspectives qui ont considérablement élargi ma compréhension de la dépendance affective. « Comment avez-vous surmonté ce moment difficile ? », ai-je régulièrement demandé, curieuse de savoir comment les autres avaient fait face à des situations similaires aux miennes. Les réponses variaient, allant de techniques de gestion du stress à des histoires de résilience et de force. Ces échanges m'ont permis de voir mes propres défis sous un angle différent et de découvrir des approches que je n'avais pas envisagées auparavant. Chaque récit était une source d'inspiration et un rappel que les chemins de guérison peuvent être divers et uniques.

Le partage d'expériences en groupe m'a offert bien plus que de simples conseils pratiques. Il a créé un sentiment de connexion et de compréhension mutuelle qui était profondément réconfortant. « Votre histoire me touche, elle me fait me sentir moins seule », ai-je parfois révélé après avoir entendu un témoignage particulièrement poignant. Ces moments de partage m'ont aidée à réaliser que, malgré nos expériences individuelles, nous partagions un combat commun. Cela a renforcé mon sentiment d'appartenance et a nourri ma croissance personnelle.

En parallèle à la thérapie de groupe, j'ai travaillé à développer une confiance en moi qui ne dépendait pas des standards imposés par les médias. J'ai pris conscience de l'impact toxique de la comparaison constante avec les représentations idéalisées des médias. « Pourquoi est-ce que je me compare toujours à ces images irréalistes ? », me suis-je demandé. J'ai appris à prendre du recul par rapport à ces messages omniprésents et à me focaliser sur ma propre valeur. Ce processus a renforcé ma confiance en moi et a réduit ma dépendance affective.

Grâce à cette nouvelle confiance en moi et aux leçons apprises en thérapie de groupe, j'ai commencé à établir des relations basées sur des attentes réalistes et une compréhension mutuelle. Je me suis éloignée de l'idéalisation des relations dépeintes dans les médias et me suis concentrée sur la construction de liens authentiques. « Je cherche des relations qui sont vraies, pas parfaites », ai-je expliqué à mon thérapeute.

Cette approche m'a permis de forger des relations plus équilibrées, où je me sentais appréciée pour qui j'étais, et non pour une image idéalisée.

*La force du soutien communautaire*

L'exploration des groupes de soutien communautaires a ajouté une dimension supplémentaire à mon processus de guérison. Chercher et trouver des groupes où les gens partageaient leurs expériences avec la dépendance affective a été une révélation. Dans ces groupes, j'ai rencontré des personnes de tous horizons, chacune avec sa propre histoire de lutte et de résilience. L'atmosphère de compréhension et de soutien mutuel était palpable dès les premières rencontres. « Je suis ici pour apprendre et partager », me disais-je en participant à ces réunions. C'était rassurant et édifiant de savoir que je n'étais pas seule dans cette bataille.

Les rencontres régulières sont rapidement devenues un pilier de ma semaine. Chaque session était une occasion d'écouter et d'être entendue, de partager des succès et des défis. « Comment avez-vous géré cette situation difficile ? », ai-je fréquemment demandé, avide d'apprendre des approches et des perspectives différentes. Les réponses et les histoires des autres étaient une source d'inspiration et m'offraient des stratégies concrètes pour faire face à mes propres difficultés. Ces échanges renforçaient mon sentiment d'appartenance et m'aidaient à relativiser et à comprendre mes expériences.

« Vos expériences me donnent de l'espoir et me motivent à continuer », ai-je avoué lors des séances. Les encouragements et la compréhension que je recevais de ces groupes étaient inestimables. Ils m'ont aidée à me sentir moins isolée et plus capable de gérer ma dépendance affective. La solidarité trouvée au cours de ces réunions a été un facteur clé pour rester engagée dans mon parcours de guérison et de croissance personnelle.

Au fil du temps, les groupes de soutien sont devenus plus qu'un simple lieu de partage ; ils sont devenus une communauté où je puisais de la force et de l'encouragement. « Je me sens tellement soutenue ici, c'est comme une famille », ai-je annoncé dans un moment de gratitude. Cette expérience m'a montré l'importance de la communauté et du soutien mutuel dans la lutte contre la dépendance affective. Grâce à ces groupes, j'ai pu non seulement avancer dans ma guérison, mais aussi contribuer au soutien des autres, créant ainsi un cercle vertueux de guérison et de soutien mutuel.

J'ai vraiment apprécié la thérapie de groupe. Chaque séance était une occasion de partager mes propres expériences, mes craintes et mes espoirs. En racontant mon histoire, je me libérais progressivement de la honte et de la solitude que j'avais longtemps ressenties. « En vous écoutant, je me rends compte que je ne suis pas seule à vivre cela », disais-je souvent aux autres membres du groupe. Cette prise de conscience m'a aidée à briser les barrières de l'isolement et à me sentir plus connectée aux autres.

L'écoute attentive des histoires des autres participants a également joué un rôle crucial dans ma guérison. J'ai appris à identifier des schémas et des comportements que j'avais en commun avec d'autres membres du groupe. « C'est exactement ce que je ressens », me suis-je surpris à penser lors d'un partage. Cette reconnaissance mutuelle m'a permis de mieux comprendre mes mécanismes de dépendance affective et de commencer à les démanteler. Chaque histoire entendue était une clé pour débloquer un aspect de mon propre puzzle émotionnel.

La solidarité et le soutien au sein du groupe m'ont apporté une force inestimable. Savoir que je pouvais compter sur un groupe de personnes qui comprenaient ce que je vivais et qui m'encourageaient dans mon parcours a été extrêmement rassurant. « Je me sens soutenue et comprise ici, et cela fait toute la différence », ai-je dit avec gratitude. Cette expérience collective a été un pilier de ma progression vers une santé émotionnelle plus équilibrée.

Au fil du temps, j'ai non seulement bénéficié du soutien du groupe, mais j'ai aussi contribué activement à l'aide des autres. Partager mes progrès et mes stratégies de gestion a été gratifiant. « Voici comment j'ai géré cette situation », expliquais-je, offrant mon point de vue et mes conseils. Ce processus d'échange mutuel m'a permis de me sentir valorisée et utile, renforçant mon estime de moi et ma confiance. La thérapie de groupe et le soutien communautaire ont été des expériences transformatrices, me guidant vers des relations plus saines et une meilleure compréhension de moi-même.

# Chapitre 5 : Le développement personnel

## 5.1 Renforcer l'estime de soi

Ma quête de développement personnel a pris son essor avec une exploration approfondie du sujet de la dépendance affective. Fascinée et déterminée, je me suis plongée dans des livres, des articles et des recherches sur ce sujet. Chaque page tournée, chaque théorie étudiée m'a permis de mettre en lumière les zones d'ombre de mon vécu. J'ai appris que la dépendance affective pouvait être liée à des expériences passées, à des traumatismes ou à des carences affectives dans l'enfance. « C'est comme si chaque lecture dévoilait une part cachée de moi », constatais-je, surprise par la résonance de ces informations avec ma propre existence.

En parcourant ces textes, j'ai commencé à voir des miroirs de mes propres expériences. Je reconnaissais des modèles de comportement, des pensées et des émotions que j'avais longtemps considérés comme normaux ou inévitables. « Cela explique tellement de choses sur mes réactions dans mes relations », me suis-je dit lors de la lecture d'un passage particulièrement éclairant. Cette prise de conscience m'a permis de comprendre que mes réflexes et mes comportements n'étaient pas simplement des « défauts » personnels, mais plutôt le résultat de processus psychologiques plus profonds.

L'impact de ces lectures ne s'est pas limité à mon introspection ; il a également influencé mes interactions avec mes amis. En discutant avec Isabelle, j'ai partagé avec elle certaines de mes découvertes. « Savais-tu que la peur de l'abandon peut être liée à des expériences d'enfance ? », l'ai-je questionnée lors d'une conversation. Ces discussions ont non seulement renforcé notre amitié, mais ont aussi permis à Isabelle et à d'autres amis de commencer à explorer leurs propres parcours de développement personnel.

Cette exploration m'a apporté une meilleure compréhension de cette dépendance et une nouvelle empathie envers moi-même et les autres. J'ai appris à reconnaître et à accueillir mes blessures intérieures, me donnant la clarté nécessaire pour les adresser de manière constructive. « Je comprends maintenant pourquoi je réagis ainsi, et je peux travailler à changer ces schémas », me suis-je dit, encouragée par mes nouvelles connaissances. Ce voyage de découverte a été un élément essentiel dans mon processus de guérison, me permettant de me libérer progressivement des chaînes de la dépendance affective.

*Élargir le champ de connaissance*

Ma soif de comprendre la dépendance affective m'a conduit à élargir mes horizons de lecture bien au-delà de ce seul sujet. Je me suis plongée dans des études sur le développement personnel, la psychologie et les dynamiques relationnelles. Chaque livre, chaque article apportait une lumière nouvelle sur les intrications de l'esprit humain. J'ai exploré des thèmes comme les blessures émotionnelles, leur genèse et leur impact sur nos vies quotidiennes. « C'est incroyable comment des événements révolus peuvent influer sur nos actions présentes », me disais-je souvent, étonnée par les découvertes que je faisais.

Ces lectures m'ont aidée à comprendre que la dépendance affective n'est pas simplement un ensemble de comportements, mais plutôt le résultat de processus psychologiques complexes et généralement de blessures émotionnelles profondes. J'ai appris comment les expériences de notre enfance, nos relations passées et notre environnement ont un impact sur notre manière de voir le monde et de nous connecter aux autres. « Chaque personne que nous rencontrons est le produit de son histoire », ai-je expliqué à Isabelle au détour d'une conversation. Ces discussions ont enrichi notre compréhension mutuelle et ont renforcé notre amitié.

Armée de cette nouvelle compréhension, j'ai commencé à mettre en pratique ces connaissances dans mon quotidien. Je reconnaissais les modèles de comportement chez moi et chez les autres, et j'appliquais des stratégies pour gérer mes propres blessures émotionnelles. « Voici ce que j'ai appris sur la gestion des émotions difficiles », expliquais-je à Isabelle lors d'une conversation sur le développement personnel. Ces conversations n'étaient pas seulement théoriques, elles étaient devenues des outils pratiques pour naviguer dans la complexité de nos vies émotionnelles.

Cette immersion dans le monde du développement personnel et de la psychologie a transformé ma façon de voir la vie et les relations. J'ai déterré une nouvelle force en comprenant les mécanismes sous-jacents de la dépendance affective et en développant des stratégies pour y faire face. « Je me sens comme si j'avais trouvé les clés pour déverrouiller une porte longtemps fermée en moi », ai-je confié à Isabelle. Ces échanges ont non seulement favorisé ma croissance personnelle, mais ont également inspiré ceux autour de moi à entreprendre leur propre périple de découverte et de guérison.

Isabelle, qui m'a toujours connue et soutenue, a été parmi les premières à remarquer les changements significatifs en moi depuis le début de mon voyage de développement personnel. Un après-midi, alors que nous prenions un café ensemble, elle a posé son regard sur moi et a dit : « Tu sembles différente, plus rayonnante et sereine.» Ces mots ont résonné profondément en moi. Entendre une telle observation de la part d'une amie proche a validé le travail intérieur que j'avais accompli. C'était la preuve tangible que les efforts et le temps consacrés à ma croissance personnelle avaient un impact visible.

La reconnaissance d'Isabelle a eu un effet grandement motivant. Elle m'a donné la force de continuer sur la voie du développement personnel, malgré les défis et les moments de doute. «Cela signifie tant pour moi que tu remarques ces changements», ai-je répondu, touchée par ses mots. Cette conversation a raffermi ma détermination à poursuivre mes efforts pour comprendre et améliorer mes comportements et ma relation avec moi-même.

Encouragée par ses paroles, j'ai commencé à partager plus ouvertement avec Isabelle mes expériences et les leçons apprises au cours de mon parcours. «Je lis beaucoup sur la dépendance affective et la psychologie, et cela m'aide énormément», lui ai-je expliqué. Nous avons eu de longues discussions sur les sujets de l'estime de soi, de la gestion des émotions et de la communication dans les relations. Ces échanges n'étaient pas seulement bénéfiques pour moi, mais ils ont également éveillé en Isabelle un intérêt pour son développement personnel.

*J'ai même commencé à influencer les autres*

Au fur et à mesure que je progressais dans mon cheminement de développement personnel, j'ai ressenti un désir croissant de partager mes découvertes et apprentissages avec mes amis. Lors de nos rencontres, les conversations se sont naturellement orientées vers les thèmes du développement personnel, de l'estime de soi et de la gestion des émotions. « J'ai lu ce livre incroyable qui m'a ouvert les yeux sur tant de choses », leur ai-je annoncé avec enthousiasme. Ces moments de partage sont devenus une partie intégrante de nos interactions, créant un espace d'échange enrichissant et de soutien mutuel.

À travers ces discussions, j'ai commencé à remarquer comment mes expériences influençaient positivement ceux qui m'entouraient. Isabelle, en particulier, s'est montrée très réceptive à mes suggestions de lecture et aux stratégies que j'avais adoptées. « Je vais essayer ce livre dont tu m'as parlé », me disait-elle. Ces échanges ont non seulement renforcé nos liens, mais ont aussi permis à Isabelle et à d'autres de se lancer dans leur propre parcours de développement personnel.

Nos conversations ont pris une tournure de plus en plus constructive. Nous discutions des concepts clés des livres que j'avais lus, explorant comment ces idées pouvaient s'appliquer dans nos vies. « Comment penses-tu que je pourrais utiliser cette stratégie pour améliorer ma communication avec mon partenaire ? », me demandait Isabelle. Ces dialogues étaient un moyen pour nous de réfléchir sur nos comportements et de chercher ensemble des solutions pratiques pour nos défis quotidiens.

Voir mes amis s'engager dans leur développement personnel et réaliser des changements positifs dans leur existence a renforcé ma conviction de l'importance de ce cheminement. «Tes conseils m'ont vraiment aidée à voir les choses différemment», me confia Isabelle lors d'un de nos échanges. Ces moments validaient non seulement mon propre parcours, mais me confortaient aussi dans mon désir de continuer à apprendre, à grandir et à partager.

*Le développement personnel a définitivement un profond impact*

Mon engagement dans le développement personnel a marqué une transformation radicale dans ma vie. Cette démarche a été bien plus qu'un simple exercice d'auto-amélioration; elle a été un processus de guérison et de redécouverte de soi. En me plongeant dans des lectures enrichissantes et en appliquant activement les leçons apprises, j'ai vu mon estime de soi se renforcer de jour en jour. «Je commence à me sentir plus forte, plus capable», me disais-je en constatant les changements en moi. Cette prise de conscience m'a aidée à guérir de blessures anciennes et à abandonner des schémas de pensée qui m'avaient longtemps maintenue dans un état de dépendance affective.

Je suis devenue plus consciente de mes pensées et de mes émotions. J'ai appris à les observer sans jugement et à les gérer de manière constructive. «Pourquoi est-ce que je ressens cela maintenant?», me suis-je fréquemment demandé, en cherchant à comprendre l'origine de mes réactions émotionnelles. Cette approche réfléchie m'a permis de développer une meilleure gestion de mes émotions, réduisant ainsi les réactions excessives qui étaient auparavant courantes dans mes relations.

Isabelle a été témoin de ces changements. Lors d'une de nos rencontres, elle a exprimé sa fierté : « Tu as vraiment changé, tu sembles tellement plus équilibrée et heureuse. » Ces mots ont renforcé ma conviction que le développement personnel était le chemin à suivre. Inspirée par mes progrès, Isabelle a elle-même commencé à s'intéresser davantage au développement personnel, cherchant à appliquer des stratégies similaires dans sa propre vie. « Tes conseils m'ont ouvert les yeux sur tant de choses », m'a-t-elle confié.

Finalement, ce processus de développement personnel a été essentiel pour surmonter ma dépendance affective et pour mener une existence plus épanouie et équilibrée. Je me suis détachée des chaînes de l'insécurité et de la peur de l'abandon, embrassant une nouvelle version de moi-même, plus autonome et confiante. « Je me sens enfin maîtresse de ma vie », me suis-je réjouie. La compréhension et l'acceptation de soi que j'ai acquises ont ouvert la porte à des relations plus saines, basées sur le respect mutuel et la bienveillance, et non plus sur la dépendance et le besoin d'approbation.

## 5.2 Gestion des émotions et résilience

La compréhension et la gestion de mes émotions sont devenues des piliers centraux de mon développement personnel. J'ai réalisé l'importance de reconnaître et de réguler mes émotions pour maintenir un équilibre dans mes interactions quotidiennes et mes relations. Face à des moments de forte émotion, je me suis souvent arrêtée pour réfléchir : « Comment puis-je gérer cela de manière plus constructive ? » Cette question était le point de départ pour apprendre à réagir de façon plus mesurée et avisée, plutôt que de succomber à des réactions impulsives.

Pour améliorer ma gestion émotionnelle, j'ai intégré des pratiques de pleine conscience et de méditation dans ma routine quotidienne. Ces techniques m'ont appris à observer mes émotions sans jugement et à les accepter comme une partie naturelle de mon expérience humaine. « Respire, observe, et laisse passer », me suis-je répété pendant mes séances de méditation. Cette approche m'a aidée à ne pas être submergée par mes émotions, à les reconnaître pour ce qu'elles étaient et à les laisser aller sans leur permettre d'influer sur mes actions.

L'adoption de ces pratiques m'a progressivement menée à une réduction significative de mes réponses impulsives. Avant, j'aurais réagi immédiatement et émotionnellement à certaines situations, souvent avec regret par la suite. Maintenant, je prends un moment pour réfléchir avant de répondre. « Quelle est la meilleure façon de répondre à cela ? », me suis-je fréquemment demandé avant d'agir. Cette pause m'a permis de choisir des réactions plus éclairées et adaptées, améliorant ainsi la qualité de mes interactions et de mes relations.

Au fur et à mesure que je maîtrisais ces compétences, j'ai remarqué une augmentation significative de ma résilience. Les situations qui auparavant m'auraient bouleversée ou mise en état de dépendance affective étaient désormais contenues avec une plus grande assurance et sérénité. « Je me sens plus équipée pour gérer les défis émotionnels », ai-je constaté. Ce sentiment de contrôle et d'autonomie émotionnelle a été un facteur clé dans la réduction de ma dépendance affective et dans la construction d'une vie plus épanouissante et équilibrée.

*Une technique pour gérer ses émotions*

Je me suis d'abord mise à écrire dans mon journal des émotions. Chaque jour, je prenais le temps de noter mes émotions, les événements qui les avaient déclenchées et mes réactions à ces situations. Cette routine est rapidement devenue un outil précieux pour une introspection profonde. « Qu'est-ce qui a provoqué cette colère ? » ou « Pourquoi cette situation m'a-t-elle rendue triste ? » étaient des questions courantes dans mes écrits. En mettant des mots sur mes émotions, je pouvais les observer objectivement, ce qui m'aidait à identifier des tendances et des déclencheurs spécifiques.

Cette pratique régulière m'a permis de reconnaître des modèles dans mes réactions émotionnelles. Par exemple, je me suis rendu compte que certaines situations caractéristiques déclenchaient systématiquement de l'anxiété ou de la frustration. « C'est intéressant de voir comment cette situation particulière déclenche toujours la même émotion », notais-je dans mon journal. Cette prise de conscience a été le premier pas vers le changement. En comprenant les déclencheurs, j'ai pu travailler à modifier mes réponses émotionnelles et à développer des stratégies plus saines pour les gérer.

Le journal des émotions m'a également enseigné l'importance de la réflexion et de l'auto-analyse. Chaque soir, en relisant mes notes, je prenais un moment pour réfléchir sur mes progrès et sur les domaines nécessitant encore du travail. « J'ai bien géré cette situation aujourd'hui », me félicitais-je, ou « Je dois trouver une meilleure façon de répondre à ce type de stress ». Cette auto-évaluation quotidienne a joué un rôle clé dans mon cheminement vers une meilleure régulation émotionnelle.

J'ai souvent partagé les bénéfices de tenir un journal. « Cela m'aide vraiment à comprendre et à gérer mes émotions », ai-je expliqué à Isabelle. Ces conversations ont non seulement renforcé ma propre pratique, mais ont également encouragé mes amis à adopter des stratégies similaires. « Je pense que je vais essayer cela », m'a répondu Isabelle, intéressée par l'idée d'explorer ses émotions de manière plus approfondie. Ce partage d'expériences a enrichi nos relations et a créé un espace de soutien mutuel pour notre croissance personnelle.

*Partager ses expériences, ça aide !*

Mes interactions avec mes amis, en particulier avec Isabelle, se sont transformées en opportunités de partage et d'échange sur la gestion émotionnelle. Chaque fois que nous nous rencontrions, j'étais impatiente de partager les nouvelles techniques que j'avais apprises. « L'autre jour, j'ai essayé cette technique de respiration pour gérer mon stress, et cela a vraiment fonctionné », lui ai-je annoncé avec enthousiasme. Ces discussions ouvraient souvent la porte à des conversations plus profondes sur nos vécus et nos défis personnels. En partageant mes propres stratégies et en écoutant celles des autres, je renforçais ma compréhension et ma pratique de la gestion émotionnelle.

Ces dialogues ont également joué un rôle essentiel dans le renforcement de notre soutien mutuel. En partageant mes expériences, je ne fournissais pas seulement des conseils pratiques, mais j'offrais aussi un espace de compréhension et de soutien. « C'est une bonne idée, je devrais essayer ça », répondait Isabelle, intéressée par les méthodes que j'avais trouvées efficaces. Ces interactions enrichissaient notre amitié et nous aidaient à nous sentir soutenues dans nos efforts de développement personnel.

Lors de nos échanges, je prenais le temps d'expliquer en détail comment j'appliquais ces techniques dans des situations spécifiques. «Quand je me sens submergée, je prends un moment pour me concentrer sur ma respiration, ce qui m'aide à me recentrer», précisais-je. Isabelle et d'autres amis étaient souvent curieux de savoir comment intégrer ces pratiques dans leur propre vie. En partageant des exemples concrets, je leur donnais des idées sur la manière de gérer leurs émotions.

Au fil du temps, ces dialogues sont devenus une partie intégrante de nos rencontres, contribuant à renforcer notre conscience émotionnelle collective. Nous avons appris les uns des autres, partageant nos succès et nos défis dans la gestion des émotions. «Tes conseils m'ont vraiment permis de voir les choses sous un autre angle», m'a confié Isabelle. Ces moments de partage ont raffermi notre capacité à gérer les émotions de manière saine et ont approfondi notre compréhension mutuelle et notre amitié.

Avec le temps, j'ai remarqué un renforcement significatif de ma résilience émotionnelle. Les techniques de gestion des émotions que j'avais apprises et mises en pratique m'ont aidée à faire face aux aléas de la vie avec une nouvelle force. «Je ne suis plus submergée comme avant par les émotions difficiles», me suis-je de temps en temps fait la réflexion, après avoir traversé des situations autrefois déstabilisantes. J'avais appris à reconnaître et à accueillir mes émotions sans les laisser me définir, ce qui a transformé ma façon de réagir aux défis du quotidien.

Cette nouvelle résilience s'est accompagnée d'une capacité accrue à m'ajuster aux situations changeantes. Les moments de stress, qui auparavant auraient déclenché une réaction émotionnelle intense, étaient désormais gérés avec plus de calme et de réflexion. « Je gère mieux les imprévus à présent », ai-je partagé avec Isabelle. « Avant, je me sentais perdue, mais maintenant, je trouve des moyens de m'adapter et de répondre de manière constructive. » Cette évolution a été un changement crucial, me permettant de naviguer dans la complexité des relations et des situations professionnelles avec plus d'aisance.

En étant plus résiliente et adaptable, je ne cherchais plus systématiquement le soutien émotionnel chez les autres. « Je me sens plus indépendante émotionnellement », ai-je constaté. Cette autonomie émotionnelle m'a donné la possibilité d'établir des relations plus saines, basées sur le partage et le respect mutuels, plutôt que sur un besoin compulsif d'approbation et de soutien.

Je pouvais désormais entrer en relation avec les autres de façon plus pondérée, en apportant et en recevant du soutien de manière saine. « Je me sens plus équilibrée dans mes relations », remarquais-je lors d'une discussion avec Isabelle. « Je ne suis plus dans une quête constante d'approbation. » Cette nouvelle dynamique relationnelle était non seulement plus gratifiante, mais elle contribuait également à mon bonheur.

# Partie 3 – Comment entretenir des relations saines ?

# Chapitre 6 : Communication et limites

## 6.1 Techniques de communication efficace

J'ai rapidement compris l'importance cruciale d'une communication efficace. J'ai appris que les malentendus et les conflits dans les relations sont souvent le résultat d'une communication inefficace ou inexistante. « Comment puis-je formuler mes besoins sans créer de conflit ? » était une question que je me posais fréquemment. Pour y répondre, j'ai exploré diverses techniques de communication, comme l'écoute active et l'expression non violente. Ces méthodes m'ont aidée à verbaliser mes pensées et mes sentiments de manière claire et respectueuse, favorisant une meilleure compréhension mutuelle.

*L'écoute active*

L'intégration de l'écoute active dans ma communication quotidienne a marqué un tournant significatif dans ma capacité à établir et à entretenir des relations saines. Plutôt que de simplement attendre mon tour pour parler, j'ai commencé à prêter une attention réelle et complète à ce que les autres disaient. Ce changement de posture n'était pas seulement une question d'entendre les mots, mais de comprendre pleinement le message derrière eux. « Pouvez-vous m'expliquer davantage ce que vous ressentez à ce sujet ? », ai-je fréquemment demandé, montrant mon désir sincère de saisir la perspective de l'autre. Cette méthode m'a permis de me connecter de manière plus authentique avec les gens, en créant un espace où ils se sentaient vraiment écoutés et valorisés.

En pratiquant l'écoute active, j'ai découvert que la qualité de mes conversations s'améliorait considérablement. Les échanges superficiels ont laissé place à des dialogues plus profonds et significatifs. Chaque discussion devenait une opportunité d'apprendre quelque chose de nouveau sur l'autre personne, leurs expériences, leurs sentiments et leurs perspectives. « Ce que vous venez de dire me donne une meilleure compréhension de votre point de vue », remarquais-je régulièrement. Cette approche a non seulement renforcé mes relations existantes, mais a également aidé à en construire de nouvelles sur des bases plus solides et empathiques.

C'est aussi un magnifique outil pour la gestion et la résolution des conflits. En permettant à chaque partie de s'exprimer pleinement et d'être entendue, j'ai souvent constaté que les malentendus pouvaient être clarifiés plus rapidement et que des solutions mutuellement satisfaisantes étaient plus faciles à trouver. « Je vois maintenant où se situe le malentendu, et je m'excuse pour ma part dans celui-ci », disais-je dans des situations où un différend émergeait. Cette capacité à reconnaître et à répondre aux besoins et aux préoccupations de l'autre a contribué à désamorcer des tensions et à renforcer la confiance.

Adopter l'écoute active a eu un impact profond non seulement sur mes relations, mais aussi sur ma croissance personnelle. J'ai appris à être plus patiente, plus empathique et plus réceptive aux besoins des autres. « Grâce à l'écoute active, je me sens plus connectée aux gens autour de moi », ai-je constaté. Cette compétence, une fois maîtrisée, a transformé ma façon de communiquer et d'interagir, me permettant de créer des liens plus authentiques et enrichissants.

*L'expression non violente*

L'adoption de l'expression non violente (ENV) a représenté une étape cruciale dans mon évolution communicationnelle. Cette approche, centrée sur la formulation honnête des besoins et des sentiments sans attaquer ou blâmer autrui, a révolutionné ma manière d'interagir. Au lieu d'utiliser un langage accusateur ou critique, j'ai commencé à communiquer mes émotions et mes besoins de façon plus directe et responsable. « Quand cela s'est passé, je me suis sentie déçue », énonçais-je, par exemple, ce qui me permettait de prendre la responsabilité de mes émotions sans imposer de faute à l'autre partie. Cette méthode m'a ouvert les yeux sur l'importance de posséder et d'exprimer mes sentiments de manière constructive.

Cette pratique s'est avérée particulièrement efficace dans la gestion des conflits. Plutôt que d'escalader les tensions avec des accusations, j'ai appris à aborder les désaccords avec empathie et compréhension. « J'aimerais comprendre ce qui t'a conduit à agir de cette manière », dirais-je lors de discussions difficiles. Cette façon de communiquer a permis d'abaisser les barrières défensives et d'encourager un dialogue ouvert et honnête. En reconnaissant nos émotions et besoins respectifs, les résolutions de conflits devenaient plus accessibles et moins chargées d'animosité.

En pratiquant régulièrement l'expression non violente, j'ai développé des compétences de communication plus empathiques. J'ai appris à écouter activement et à répondre d'une manière qui valide l'expérience de l'autre tout en exprimant la mienne. « Je comprends que tu te sentes ainsi, voici comment je me sens à ce sujet » est un exemple de la façon dont j'équilibrerais la compréhension et l'expression de mes propres sentiments. Cette approche bilatérale a permis des échanges plus équilibrés et respectueux, où chaque personne se sent valorisée et entendue.

L'incorporation de l'expression non violente dans mes interactions quotidiennes a eu un fort impact sur mes relations. En communiquant de manière plus consciente et respectueuse, j'ai constaté une amélioration significative dans la qualité de mes relations. « Tes mots ont vraiment fait une différence dans la façon dont nous communiquons », m'a confié Isabelle un jour. Ces moments de reconnaissance ont raffermi ma conviction que l'expression non violente n'est pas seulement une technique de communication, mais un outil puissant pour bâtir des relations plus profondes, plus empathiques et plus durables.

*Établir ses limites*

En parallèle à l'amélioration de mes compétences en communication, j'ai également appris l'importance d'établir et de maintenir des limites claires. J'ai compris que communiquer mes limites de façon assertive était crucial pour des relations saines. « Je ne suis pas à l'aise avec cela » ou « J'ai besoin de temps pour moi » sont des exemples de comment j'ai appris à exprimer mes limites. Cette clarté dans la communication des limites a non seulement renforcé mon respect de soi, mais a aussi enseigné aux autres comment interagir avec moi de manière saine et respectueuse.

## 6.2 Établir et respecter les limites personnelles

J'ai réalisé qu'il fallait absolument définir clairement mes propres règles et frontières dans les interactions avec autrui. Cette prise de conscience est née de l'interrogation : « Qu'est-ce qui est essentiel pour mon bien-être ?» et «Quelles sont les lignes que je ne suis pas prête à franchir?» En répondant à ces questions, j'ai pu identifier ce qui était fondamental pour moi, tant sur le plan émotionnel que physique. «J'ai besoin de temps pour moi après une journée chargée», me disais-je, reconnaissant l'importance de considérer mes propres besoins pour maintenir mon équilibre personnel.

Une fois ces limites personnelles identifiées, l'étape suivante était de les communiquer de manière assertive, mais respectueuse. Il ne s'agissait pas de poser des barrières rigides ou de me couper des autres, mais plutôt de clarifier mes besoins et attentes. «Je trouve important que mon espace personnel soit respecté», ai-je expliqué à mes amis et à ma famille. Cette communication ouverte m'a permis d'établir des relations fondées sur la compréhension mutuelle et le respect réciproque.

La définition de mes limites personnelles m'a aidée à naviguer avec plus de conscience dans mes interactions quotidiennes. Au lieu de me laisser entraîner dans des situations inconfortables ou stressantes, je pouvais désormais identifier et communiquer mes limites à l'avance. «Je suis désolée, mais je ne me sens pas à l'aise avec cette discussion», pouvais-je dire lorsque nécessaire. Cette capacité à reconnaître et à exprimer mes limites m'a apporté une plus grande tranquillité d'esprit et a réduit les contextes de stress et d'anxiété dans mes relations.

Les réactions à mes limites définies variaient, mais dans la plupart des cas, elles étaient respectées et valorisées. « Je comprends, faisons une pause dans notre conversation », répondait souvent Isabelle, reconnaissant et respectant mes besoins. Ces expériences m'ont enseigné l'importance de considérer non seulement mes propres limites, mais aussi celles des autres. En pratiquant cet équilibre, mes relations sont devenues plus saines et plus épanouissantes, chacun étant conscient et respectueux des besoins et limites de l'autre.

*Comment établir ses limites ?*

Il faut d'abord savoir quelles sont nos limites. J'ai dû me plonger dans une analyse réfléchie de ce qui était vraiment important pour moi, mes besoins fondamentaux, et les valeurs que je ne voulais pas compromettre. Cette démarche m'a amenée à me poser des questions essentielles : « Quels sont les aspects de ma vie que je ne suis pas prête à négliger ? » et « Quelles sont les conditions sans lesquelles je ne peux pas prospérer ? » En identifiant ces éléments clés, j'ai pu comprendre ce qui était non négociable pour moi et ainsi établir des frontières saines.

Une fois ces limites identifiées, l'étape suivante a été d'apprendre à les communiquer clairement. Par exemple, je me suis rendu compte que préserver des moments de solitude était vital pour mon équilibre mental. « Pour me sentir bien, j'ai besoin de temps seule chaque jour », ai-je expliqué à mes amis et à ma famille. En exprimant mes besoins de manière transparente et directe, j'ai pu établir des limites sans éprouver de culpabilité. Cette capacité à communiquer ouvertement m'a aidée à éviter les malentendus et à renforcer le respect mutuel dans mes relations.

Ensuite, j'ai appris qu'il est important de rester ferme et cohérent dans notre communication. « Je comprends que vous ayez besoin de cela, mais je ne peux pas compromettre mon besoin de tranquillité », disais-je parfois dans des situations où mes limites étaient mises à l'épreuve. Cette approche m'a permis de me protéger contre les contextes et les comportements qui pouvaient nuire à mon bien-être, tout en éduquant les autres sur la manière de me traiter avec respect et considération.

En pratiquant ces étapes, j'ai constaté un changement positif dans la dynamique de mes relations. Mes proches ont commencé à comprendre et à respecter mes limites, ce qui a conduit à des interactions plus saines et plus équilibrées. « Je respecte ton besoin d'espace, dis-moi simplement quand tu es prête à parler », répondait souvent Isabelle. Ces échanges ont validé l'importance de connaître et de respecter ses propres limites et celles des autres, créant ainsi un cadre où chacun peut s'épanouir.

*Respecter aussi les limites des autres*

Reconnaître et respecter les limites des autres est devenu un aspect tout aussi important que l'établissement de mes propres limites. J'ai appris qu'une interaction respectueuse et harmonieuse repose sur la compréhension mutuelle des besoins et des limites de chacun. En m'engageant dans des relations, je me suis rendu compte de la nécessité de reconnaître les signes indiquant les limites d'autrui. « Puis-je vous demander si vous êtes à l'aise avec cette discussion ? », interrogeais-je mes amis et collègues. Cette démarche consciente m'a aidée à créer un espace où chacun se sentait en sécurité et respecté, favorisant ainsi des échanges plus authentiques et sincères.

Dans mes conversations, je faisais un effort pour comprendre les limites des autres et pour adapter mes actions en conséquence. « Je veux m'assurer de ne pas dépasser vos limites, pouvez-vous m'expliquer ce qui vous convient le mieux ? », demandais-je. Ces dialogues ouverts m'ont donné la possibilité de mieux comprendre les perspectives des autres et de répondre à leurs besoins de manière appropriée. Cela a également permis à mes interlocuteurs de se sentir écoutés et valorisés, sachant que leurs limites personnelles étaient respectées et prises en compte.

En pratiquant le respect mutuel des limites, j'ai observé une amélioration notable dans la qualité de mes relations. Les amis et la famille ont apprécié cette sensibilité et ce respect, ce qui a renforcé notre confiance et notre compréhension mutuelle. « Merci de respecter mon espace, cela signifie beaucoup pour moi », m'a avoué Isabelle. Cette reconnaissance a souligné l'importance du respect des limites non seulement pour la santé individuelle, mais aussi pour le bien-être de la relation elle-même.

En fin de compte, le respect des limites d'autrui a permis à chacun dans mes cercles de se sentir en sécurité et respecté, ce qui a encouragé une plus grande ouverture et honnêteté dans nos interactions. « Votre approche respectueuse me rend plus ouvert à partager mes pensées et sentiments », m'a dit un ami. Ces expériences ont renforcé ma conviction que le respect des limites est un pilier essentiel pour des relations durables et satisfaisantes.

*Ce que cela change dans nos relations*

La mise en place et le respect des limites personnelles ont transformé la qualité de mes rapports de manière significative. En communiquant ouvertement mes limites et en respectant celles des autres, j'ai établi des bases plus saines pour mes interactions. Cette clarté a permis de définir des attentes réalistes et d'éviter les malentendus. « En comprenant ce que tu attends, je peux mieux me comporter dans notre relation », me confiait souvent Isabelle. Ces conversations honnêtes sur nos limites respectives ont renforcé notre compréhension mutuelle, nous permettant d'interagir de manière plus authentique et respectueuse.

L'établissement de limites claires a eu un impact quotidien notable. En sachant jusqu'où aller dans mes échanges et en comprenant les frontières des autres, les rapports sont devenus plus détendus et agréables. « Je me sens plus à l'aise de te parler de certaines choses maintenant », m'a dit un ami, reconnaissant la valeur de cet espace respectueux que nous avions créé ensemble. Cette ambiance de respect et de compréhension mutuels a permis à chacun de se sentir plus en sécurité et confiant dans l'expression de ses pensées et sentiments.

En plus de ces améliorations relationnelles, j'ai remarqué une augmentation de ma confiance en moi et de mon estime personnelle. « Je me sens plus respectée et valorisée dans mes relations », ai-je observé. Ce sentiment de respect mutuel a largement contribué à des relations plus épanouissantes et à une plus grande harmonie dans mes interactions sociales.

Finalement, cet exercice de définition et de respect des limites a créé un environnement relationnel fondé sur le respect mutuel et la compréhension. « Grâce à nos discussions sur les limites, je sens que notre amitié s'est renforcée », m'a confié Isabelle. Ce respect mutuel a permis de forger des relations plus fortes, plus durables et plus satisfaisantes. En reconnaissant et en respectant les limites, nous avons développé une meilleure appréciation de la diversité et de la complexité des besoins et des désirs de chacun.

# Chapitre 7 : Construire des relations équilibrées

## 7.1 Reconnaître et cultiver des relations saines

Dans ma quête de relations équilibrées, le premier pas a été de comprendre ce qui constitue une relation saine. J'ai réalisé que contrairement à une idée reçue, une relation saine ne se caractérise pas par une absence totale de conflits. Au contraire, c'est la façon dont les différends sont abordés et résolus qui détermine la santé d'une relation. « Il ne s'agit pas de ne jamais se disputer, mais de savoir comment se réconcilier », ai-je souvent pensé. J'ai appris à reconnaître l'importance d'une communication ouverte et honnête, d'un respect mutuel profond, et d'un soutien inconditionnel. Ces éléments étaient les fondations sur lesquelles je pouvais bâtir et évaluer mes relations.

En examinant mes relations existantes, j'ai commencé à chercher activement des indices indiquant leur santé et leur équilibre. « Cette relation me permet-elle de m'épanouir ? » ou « Est-ce que nous nous soutenons mutuellement dans nos objectifs et défis ? » étaient des questions que je me posais. Je recherchais des échanges où la communication était transparente, où le respect et l'empathie étaient réciproques, et où chacun se sentait valorisé et entendu. Ces critères sont devenus mes baromètres pour évaluer et améliorer la qualité de mes relations.

Dans mes interactions avec les autres, j'ai mis un point d'honneur à pratiquer et encourager des dialogues constructifs. « Comment pouvons-nous résoudre cela ensemble ? », proposais-je lorsqu'un désaccord survenait. Cette approche collaborative dans la résolution des conflits a renforcé mes relations, les rendant plus résistantes et flexibles. En traitant les différends non pas comme des obstacles, mais comme des opportunités de croissance et de compréhension mutuelle, j'ai pu établir des liens plus forts et plus significatifs.

*L'équilibre avant tout dans les relations*

Après avoir identifié les caractéristiques essentielles d'une relation saine, j'ai consciemment œuvré à les intégrer dans mes interactions quotidiennes. Ce processus impliquait un travail approfondi sur ma manière de communiquer et une présence active dans mes relations. « Comment puis-je rendre nos interactions plus positives et enrichissantes ? », me suis-je régulièrement demandé. J'ai pris l'initiative de m'engager plus profondément dans mes conversations, en mettant en pratique l'écoute active et en montrant une compréhension et une empathie authentiques. Chaque échange devenait une occasion de renforcer ces liens, en m'assurant que mes mots et mes actions contribuaient à une dynamique saine et équilibrée.

L'écoute active est devenue un outil puissant dans ma quête de relations équilibrées. « Je veux vraiment comprendre ce que tu ressens », disais-je souvent à mes amis et à ma famille. En écoutant attentivement et en répondant avec empathie, je créais un espace où chacun se sentait entendu et respecté. Cette approche m'a permis de répondre de façon plus adéquate aux besoins émotionnels de mes proches, renforçant ainsi nos connexions. L'empathie, en particulier, m'a aidée à me mettre à la place des autres, à comprendre leurs perspectives et à répondre de manière plus compatissante.

Respecter les limites personnelles et celles des autres a joué un rôle clé dans l'établissement de relations équilibrées. « Dis-moi si tu as besoin d'espace ou de temps », proposais-je, montrant mon respect pour les besoins individuels. Cette sensibilité aux limites a encouragé un respect mutuel et a évité les sentiments de surcharge ou de ressentiment. Par ailleurs, offrir un soutien inconditionnel est devenu une priorité. « Je suis là pour toi, quoi qu'il arrive », assurais-je à mes proches, créant ainsi un sentiment de sécurité et de confiance au sein de mes relations.

L'écoute des retours d'Isabelle et d'autres personnes importantes dans ma vie est devenue une partie intégrante de mon processus de croissance. Ses retours me fournissaient des informations précieuses sur l'impact de mes actions et de mes paroles sur eux. « Quand tu as dit cela, ça m'a vraiment aidé », me confiait parfois un ami. Ces commentaires m'ont permis de comprendre l'effet de mon comportement et de mes mots sur les autres, m'aidant à m'ajuster et à être plus attentif dans mes interactions futures.

Chaque retour que je recevais était une opportunité d'apprentissage. Je prenais le temps de réfléchir sur ce que les gens me disaient, en considérant comment je pourrais améliorer ma communication et mes échanges. « Comment puis-je être plus soutenant dans de telles situations ? », me demandais-je après avoir reçu des retours. Cette réflexion me permettait de m'adapter et de changer, non seulement pour répondre aux besoins des autres, mais aussi pour devenir une meilleure version de moi-même dans mes relations.

C'était souvent le point de départ de dialogues constructifs. « J'apprécie vraiment que tu partages cela avec moi, cela me permet de comprendre comment mieux interagir avec toi », répliquais-je en général à Isabelle et à d'autres. En engageant des conversations ouvertes sur la façon dont nous nous affections les uns les autres, nous pouvions tous grandir et apprendre ensemble. Ces échanges honnêtes contribuaient à des relations plus fortes et plus authentiques, où chaque personne se sentait valorisée et entendue.

*Faire évoluer les relations avec conscience*

Au fil du temps, j'ai pris conscience que le développement de relations équilibrées est un processus dynamique, nécessitant une adaptation et une évolution constantes. J'ai compris que chaque relation est unique, avec ses propres défis et opportunités, et qu'elle requiert une attention particulière. « Chaque interaction est une leçon pour mieux comprendre et répondre aux besoins relationnels », me disais-je. Cette perspective m'a permis de rester flexible et réceptive aux changements, en reconnaissant que ce qui fonctionne dans une relation à un moment donné peut ne pas être applicable dans une autre ou à un autre moment.

J'ai développé un nouveau principe directeur dans mes interactions. « Comment puis-je mieux m'aligner avec tes besoins actuels ? », demandais-je régulièrement à mes proches, soulignant mon engagement à répondre de manière appropriée à leurs changements. Cette approche a encouragé une croissance mutuelle et un développement relationnel, où les ajustements et les modifications étaient vus comme des étapes naturelles et nécessaires pour le bien-être de la relation.

Pour faciliter cette évolution consciente, j'ai mis l'accent sur des dialogues ouverts et honnêtes avec mes amis et ma famille. « Je sens que notre relation évolue, parlons de ce que cela signifie pour nous », entamais-je souvent. Ces conversations ont permis une compréhension mutuelle des attentes et des besoins évolutifs, renforçant ainsi la connexion et la confiance. En abordant les changements de manière proactive plutôt que réactive, nous avons pu naviguer ensemble à travers les différentes phases de nos relations.

Cette conscience de la nature évolutive des relations a conduit à la création d'un environnement où chacun peut s'épanouir. En reconnaissant que le changement est une composante inévitable des relations humaines, j'ai embrassé la flexibilité et l'ouverture comme des outils clés pour maintenir l'équilibre et la santé relationnelle. « Nous grandissons toutes les deux dans cette relation, et cela en fait une expérience enrichissante », partageais-je avec Isabelle. Cette reconnaissance mutuelle de notre croissance et de notre évolution a enrichi mes relations, les rendant plus profondes, plus significatives et plus satisfaisantes.

## 7.2 Des conseils pratiques

*Une communication ouverte et honnête*

La communication ouverte et honnête est le fondement sur lequel se construisent des relations équilibrées et durables. Cette approche implique d'être franc et transparent dans l'expression de ses pensées et de ses sentiments. « Si quelque chose me préoccupe, je choisis de le partager plutôt que de le laisser fermenter en moi » ai-je adopté comme mantra personnel. En pratiquant cette honnêteté, je crée un espace où la vérité peut circuler librement, sans crainte de jugement ou de malentendu. Cela aide à établir un terrain de compréhension et de confiance mutuelle, essentiel pour toute relation saine.

Pour mettre en œuvre cette communication, j'ai commencé à initier des dialogues directs, mais constructifs. « Je me sens un peu dépassée par la situation actuelle, et j'aimerais en parler », disais-je souvent pour ouvrir la discussion. Ce type de communication directe permet d'aborder les problèmes de front, de les démystifier et de trouver ensemble des solutions ou des compromis. Cela évite l'accumulation de frustrations et de malentendus qui peuvent saper les fondations d'une relation saine.

Bien sûr, la communication ouverte entraîne parfois des réactions émotionnelles. « Je comprends que ma franchise puisse être difficile à entendre, mais je crois que c'est important pour notre relation », expliquais-je lorsqu'une conversation devenait tendue. En reconnaissant et en gérant ces réactions, tout en maintenant un espace ouvert pour le dialogue, je travaille à consolider le respect et la compréhension mutuels. Cette pratique aide à transformer les défis en opportunités de renforcement des liens.

L'impact de cette pratique sur mes relations a été profondément positif. En communiquant ouvertement et honnêtement, j'ai pu tisser des liens plus forts et plus authentiques. « Ta façon de communiquer ouvertement m'aide à me sentir plus proche de toi », m'a confié un ami. Cette approche a non seulement amélioré mes relations existantes, mais m'a également aidée à établir de nouvelles connexions sur des bases solides et sincères.

*Développer l'écoute active*

Au-delà de simplement entendre les mots, l'écoute active implique de se plonger entièrement dans la compréhension de ce que l'autre personne exprime, tant au niveau des paroles que des émotions sous-jacentes. «Dis-moi ce que tu ressens, je suis là pour t'écouter» est une invitation que je fais régulièrement pour encourager une communication sincère et profonde. Cette pratique de l'écoute active crée un cadre de sécurité et de confiance où les individus se sentent valorisés et compris, un élément essentiel pour renforcer les relations.

Dans mes interactions quotidiennes, je m'efforce de pratiquer l'écoute active en me concentrant pleinement sur mon interlocuteur, en mettant de côté mes propres pensées et jugements. «Peux-tu m'en dire plus à ce sujet?» ou «Comment cela te fait-il sentir?» sont des questions que je pose souvent pour encourager les autres à s'exprimer davantage. En faisant cela, je montre non seulement mon intérêt sincère pour leurs expériences, mais je facilite également une compréhension plus profonde de leurs perspectives.

L'écoute active m'a aussi appris à naviguer efficacement dans les réactions émotionnelles des autres. Quand les gens se sentent vraiment écoutés, ils sont plus enclins à partager des sentiments profonds et parfois vulnérables. « Je comprends que cela puisse être difficile pour toi », répondais-je souvent, reconnaissant et validant leurs émotions. Cette réponse empathique encourage une plus grande ouverture et honnêteté, renforçant ainsi la connexion émotionnelle entre nous.

Au fil du temps, j'ai constaté que l'écoute active transformait la dynamique de mes relations. En offrant une présence attentive et empathique, j'ai pu créer des liens plus forts et plus significatifs. « Ta capacité à vraiment écouter change tout dans notre amitié », m'a confié un ami. Ce type d'interaction ne se limite pas à améliorer la compréhension mutuelle ; il contribue également à une atmosphère de respect et de soutien mutuel, essentielle pour toute relation saine et durable.

*L'empathie et la compréhension*

L'empathie, c'est plus que de comprendre intellectuellement ce que l'autre ressent ; c'est s'immerger émotionnellement dans son monde, saisir les nuances de ses expériences et de ses émotions. « Je ressens vraiment ce que tu traverses », dis-je souvent pour montrer ma compréhension profonde. Cette démarche empathique me permet de me connecter avec les autres à un niveau plus intime, ce qui enrichit considérablement nos interactions.

Dans mes relations, je m'efforce constamment de pratiquer l'empathie activement. Cela signifie écouter ce que les autres disent, et être attentif à ce qu'ils ne prononcent pas – les émotions cachées derrière leurs mots, leurs hésitations, et leurs gestes non verbaux. « Tu sembles préoccupé par quelque chose, veux-tu en parler ? » est une question que je pose fréquemment. En faisant cela, je montre que je suis là non seulement pour entendre leurs mots, mais aussi pour ressentir avec eux et comprendre leur réalité.

Chaque fois que je réponds avec empathie, je constate que cela aide à renforcer la confiance et à approfondir nos liens. « Je suis là pour toi, dans les bons et les mauvais moments » est une assurance que je donne pour montrer mon engagement envers la personne et la relation. Cette approche empathique m'a permis de bâtir des relations basées sur une confiance et une compréhension mutuelles profondes, où chaque individu se sent soutenu et valorisé.

En me mettant à la place des autres et en ressentant avec eux, j'ai pu créer des liens plus sincères et significatifs. « Ta capacité à comprendre ce que je ressens rend notre amitié vraiment spéciale », m'a dit un ami. Cette reconnaissance valide l'importance de l'empathie non seulement comme une compétence relationnelle, mais aussi comme un moyen d'enrichir la vie émotionnelle, tant la mienne que celle de mes proches.

*Toujours respecter ses limites et celles d'autrui*

Dans mes relations, j'ai appris que le respect et l'établissement de limites personnelles sont essentiels pour maintenir des interactions saines et respectueuses. Cette prise de conscience est similaire à reconnaître l'importance de définir des espaces personnels dans nos vies. « Je dois fixer certaines limites pour mon bien-être » est une affirmation que je partage souvent avec mes proches. En communiquant clairement mes propres limites et en respectant celles des autres, je crée un cadre où le respect mutuel et l'harmonie prévalent. Cela permet à chaque relation de se développer dans un environnement sain et équilibré, où les besoins et les attentes de chacun sont reconnus et valorisés.

Pour établir des limites efficaces, je pratique une communication directe et honnête. « Cette situation me met mal à l'aise, et j'aimerais que nous la gérions différemment », exprimé-je lorsqu'une situation dépasse mes limites personnelles. En étant transparente sur ce que je peux et ne peux pas accepter, j'encourage les autres à comprendre et à respecter mon espace personnel. Cette clarté aide à prévenir les malentendus et à garantir que les interactions restent dans les limites du confort et du respect mutuel.

De même, je m'engage à respecter les limites des personnes avec lesquelles j'interagis. « Comment puis-je m'assurer de respecter tes limites dans cette situation ? » est une question que je pose souvent. En reconnaissant et en répondant de manière appropriée aux limites d'autrui, je montre mon respect pour leur autonomie et leur bien-être. Cela crée une atmosphère de confiance et de sécurité, où les individus se sentent valorisés et entendus.

L'effet de respecter et d'établir des limites dans mes relations a été profondément positif. Non seulement cela m'a permis de me sentir plus en contrôle de mes interactions, mais cela a également amélioré la qualité de mes rapports. « Je respecte tes limites, et cela me fait sentir respecté en retour », m'a confié un ami. En pratiquant régulièrement cette approche, j'ai construit des relations plus fortes et plus authentiques, basées sur la compréhension mutuelle et le respect des besoins individuels de chacun.

*Célébrer les petites victoires et les moments partagés*

Dans la dynamique des relations, j'ai appris qu'il est essentiel de reconnaître et de célébrer les petites victoires et les moments partagés. Ces instants peuvent sembler insignifiants, mais ils sont les véritables joyaux de nos interactions humaines. « Je chéris vraiment ces moments passés ensemble », dis-je souvent pour exprimer ma gratitude. En prenant le temps de reconnaître ces instants, qu'il s'agisse d'un sourire partagé, d'une conversation enrichissante, ou d'un succès commun, je contribue à renforcer nos liens et à cultiver une appréciation mutuelle. Chaque petite victoire ou moment partagé devient un fil tissé dans le tapis riche et coloré de nos relations.

Chaque réussite, qu'elle soit grande ou petite, mérite d'être célébrée. « Félicitations pour ta réussite, je suis tellement fière de toi » sont des mots que j'emploie pour encourager et soutenir mes amis et ma famille. Cette reconnaissance des efforts et des succès des autres montre que je les apprécie et que je suis attentive à leur parcours. Ces célébrations renforcent le sentiment de valorisation et d'encouragement mutuel, essentiel pour entretenir des relations saines et dynamiques.

Les moments partagés de joie et de bonheur sont des piliers de nos relations. « Ce repas ensemble était merveilleux, merci pour ce bon moment », annonçais-je après un dîner avec des amis. Ces occasions où nous partageons des rires, des histoires ou simplement le plaisir de la compagnie de l'autre enrichissent notre expérience relationnelle. Ils créent des souvenirs durables et renforcent notre connexion émotionnelle, nous rapprochant les uns des autres.

En reconnaissant les petites victoires et les moments partagés, j'ai constaté un impact positif sur la qualité de mes relations. « Tes mots gentils et ta reconnaissance me font vraiment me sentir spécial », m'a confié un proche. Ces expressions de gratitude et de reconnaissance mutuelle cultivent une atmosphère positive et nourrissante, où chacun se sent valorisé et aimé. C'est dans ces petits gestes et ces célébrations que se trouve la véritable essence des relations épanouissantes.

# Chapitre 8 : Comment éviter les pièges de la dépendance ?

## 8.1 Stratégies de prévention

*Développer sa propre autonomie*

Ce n'est pas toujours évident de développer notre autonomie. Cela implique de se sentir à l'aise et épanoui.e en étant seul.e, sans dépendre constamment des autres pour son bonheur ou son bien-être. « J'explore des activités qui me passionnent, même lorsque je suis seule » est une pratique que j'ai intégrée dans mon quotidien. En développant mes centres d'intérêt et hobbies, j'ai commencé à apprécier ma propre compagnie, réduisant ainsi ma dépendance émotionnelle sur les autres. Cela m'a aidé à créer un équilibre où ma présence dans les relations est choisie, pas nécessaire.

La création de mes espaces et la poursuite de mes intérêts sont devenues des composantes clés de ma vie. « Ce week-end, je vais me consacrer à mon projet de peinture », dis-je souvent, pour marquer mon engagement envers mes passions personnelles. Cette implication me procure non seulement un sentiment d'accomplissement, mais renforce également mon indépendance. En ayant des passions et des activités indépendantes, je contribue à mes relations de manière plus saine et plus équilibrée, sans me sentir vidée ou dépendante.

J'ai appris à trouver un équilibre entre les moments passés seule et ceux partagés avec les autres. « J'apprécie nos sorties, mais j'ai aussi besoin de temps pour moi », expliqué-je à mes amis et à ma famille. Cette approche me permet de maintenir mon identité et mon espace personnel, tout en cultivant des relations significatives. En équilibrant ma vie sociale et mon temps en solitude, je garde une certaine indépendance qui est cruciale pour une vie émotionnelle saine.

Finalement, développer mon autonomie a jeté les bases de relations plus saines et plus satisfaisantes. « Tes passions et ta confiance en toi rendent notre relation plus forte », m'a confié un proche. En étant autonome, je ne me repose plus exclusivement sur les autres pour mon bonheur, ce qui allège la pression dans mes relations. Cette autonomie a enrichi mes interactions, permettant à mes relations de prospérer sur la base d'un respect mutuel et d'une appréciation authentique de la compagnie de chacun.

J'ai réalisé qu'une bonne estime de soi agit comme une fondation solide pour l'indépendance émotionnelle. « Je reconnais mes forces et j'embrasse mes faiblesses », me dis-je souvent. Ce processus de valorisation personnelle m'incite à apprécier qui je suis, sans dépendre constamment de l'approbation des autres. En me focalisant sur mes qualités et en acceptant mes imperfections, j'ai cultivé une image de moi-même plus positive et plus résiliente.

Chaque jour, je pratique des gestes d'amour-propre pour renforcer ma confiance en moi. « Aujourd'hui, je me félicite pour mes réalisations » est un rituel que je m'impose. En reconnaissant mes succès, petits ou grands, je nourris un sentiment d'accomplissement personnel. Cette pratique m'aide à me concentrer sur mes propres capacités et progrès, plutôt que de chercher constamment validation et reconnaissance auprès des autres.

J'ai également travaillé à transformer mon dialogue intérieur en un discours plus positif et constructif. « Je suis capable et digne », me répété-je dans les moments de doute. En remplaçant les pensées négatives par des affirmations positives, j'ai remarqué une augmentation significative de mon estime de moi. Ce changement dans mon discours intérieur a renforcé ma capacité à affronter les défis sans me sentir dépendante des autres pour ma confiance et mon assurance.

Cette amélioration de mon estime de soi a eu un impact profond sur mes relations. « Ta confiance en toi rend notre relation plus équilibrée », m'a dit un ami. En étant moins dépendantes de la validation extérieure, mes interactions sont devenues plus authentiques et équilibrées. Je suis capable d'entrer dans des relations non pas parce que j'ai besoin de quelqu'un pour me compléter, mais parce que je souhaite partager ma vie déjà complète et épanouie avec quelqu'un d'autre.

*Diversifier son cercle social pour un meilleur équilibre*

En développant et en entretenant des liens avec différents groupes de personnes, comme les amis, la famille, et les collègues, je crée un réseau de soutien varié et équilibré. « Ce week-end, je vais randonner avec mes amis du club de nature, et dimanche, je déjeune avec ma famille », planifié-je régulièrement. Cette variété dans mes interactions sociales me donne la possibilité de ne pas me reposer exclusivement sur une seule personne ou un seul groupe pour mon épanouissement social et émotionnel.

En cultivant des relations dans divers contextes, je m'assure de ne pas mettre toute la pression de mes besoins émotionnels sur une seule personne. « Chaque groupe d'amis m'apporte quelque chose de différent », expliqué-je souvent à mes proches. Cette approche me permet de partager différentes facettes de ma personnalité et d'explorer divers intérêts, ce qui contribue à mon bien-être général. En outre, avoir plusieurs cercles de soutien me donne l'opportunité de recevoir des perspectives variées et de me ressourcer auprès de personnes différentes.

« En passant du temps avec différents groupes, je me sens plus équilibrée et moins dépendante », partagé-je avec mes amis. Cette pratique m'aide à maintenir ma propre indépendance et à assurer que mes relations sont basées sur le choix et non sur le besoin. Cela me permet également de me retirer et de prendre du temps pour moi-même, sachant que mon bien-être ne repose pas sur une seule relation.

Tout ceci contribue grandement à mon épanouissement personnel. Elle me donne la possibilité de développer différentes parties de ma personnalité et de répondre à une gamme plus large de besoins émotionnels et sociaux. « Je me sens enrichie par la variété de mes relations », constaté-je. Cet éventail de connexions renforce mon autonomie émotionnelle et me permet de construire des rapports plus sains et plus épanouissants.

*Pratiquer la communication ouverte*

La pratique de la communication ouverte est un pilier fondamental pour maintenir des relations saines et éviter les pièges de la dépendance affective. « Je m'efforce de partager ouvertement mes pensées et sentiments » est une approche que j'applique consciemment dans toutes mes interactions. Cette honnêteté me permet d'affronter et de résoudre les problèmes dès leur apparition, évitant ainsi qu'ils ne s'aggravent. Une communication transparente est cruciale pour établir une compréhension mutuelle et éviter les malentendus ou les attentes irréalistes qui pourraient conduire à une dépendance émotionnelle.

Tout au long de ce livre, j'ai souligné l'importance d'établir des limites saines comme moyen de préserver l'autonomie personnelle dans les relations. « Reconnaître et communiquer mes limites est une pratique que je maintiens rigoureusement » est un principe que je respecte. Savoir dire non et respecter mes besoins et désirs est essentiel pour éviter de me perdre dans ceux des autres. Cette capacité à fixer et à respecter mes limites assure que mes relations restent équilibrées et que ma dépendance émotionnelle envers les autres est minimisée.

La combinaison de la communication ouverte et de l'établissement de limites saines forme une stratégie robuste pour prévenir la dépendance dans les relations. « En parlant franchement et en respectant mes besoins, je construis des relations plus fortes et plus saines », résumé-je souvent lors de discussions avec mes amis. Cette approche me permet non seulement de gérer efficacement mes propres émotions et attentes, mais aussi de mieux comprendre et de répondre aux besoins des autres, tout en maintenant un équilibre sain dans mes relations.

En mettant en pratique ces stratégies, j'ai constaté une amélioration notable dans la qualité de mes relations. « Ta capacité à communiquer ouvertement et à respecter tes limites m'inspire », m'a confié un ami. En adoptant ces approches, je suis parvenue à établir des relations basées sur le respect mutuel, l'authenticité et la compréhension, ce qui a considérablement réduit ma tendance à devenir dépendante affectivement des autres.

## 8.2 Sensibilisation et éducation

La sensibilisation et l'éducation sur la nature de la dépendance affective sont cruciales pour éviter de tomber dans ses pièges. « Je me suis informé.e sur ce qu'est réellement la dépendance affective » est une démarche que j'ai entreprise. Apprendre à identifier les signes et les symptômes de la dépendance affective m'a aidé à comprendre mes propres tendances et celles des personnes autour de moi. Cette connaissance m'a permis d'être plus vigilante dans mes relations et d'éviter des comportements qui pourraient conduire à une dépendance émotionnelle.

J'ai activement recherché des ressources éducatives telles que des livres, des articles en ligne, et des ateliers sur la dépendance affective. « Je lis régulièrement sur le sujet pour rester informée », me dis-je comme un rappel constant. Ces ressources m'ont fourni des outils et des stratégies pour construire des rapports plus sains. En comprenant les racines psychologiques de la dépendance affective et les mécanismes qui la sous-tendent, je suis mieux équipée pour faire face à mes propres défis relationnels.

«Lorsque je découvre quelque chose d'utile, j'aime le partager avec mes amis et ma famille» est une pratique courante pour moi. En discutant de ce que j'ai appris sur la dépendance affective avec les autres, je contribue à une plus grande prise de conscience au sein de mon entourage. Ces discussions peuvent aider les autres à reconnaître leurs propres schémas de dépendance ou à mieux comprendre ceux de leurs proches.

J'encourage et je participe à des échanges ouverts sur la santé émotionnelle et les relations saines. «Parlons de ce qui constitue une relation saine», initié-je souvent dans mes cercles sociaux. Ces conversations ouvrent la voie à une meilleure compréhension et à un partage d'expériences, ce qui peut être bénéfique pour tous les participants. En abordant ces sujets, nous pouvons tous apprendre les uns des autres et travailler ensemble pour développer des relations plus saines et plus épanouissantes.

# Chapitre 9 : Auto-évaluation : Suis-je dépendant.e affectif.ve ?

Ce questionnaire est conçu comme un outil d'autoréflexion et n'est pas destiné à remplacer une évaluation professionnelle. Toutefois, il peut servir de point de départ pour une exploration plus approfondie de vos relations et de votre comportement émotionnel. Les questions couvrent divers aspects de la dépendance affective, tels que la recherche de validation, la peur de l'abandon, et la priorisation des besoins des autres.

Il est recommandé d'aborder ce questionnaire avec honnêteté et ouverture d'esprit. Prenez votre temps pour réfléchir à chaque question et à vos réponses. Rappelez-vous qu'il n'y a pas de réponses « correctes » ou « incorrectes » ; ce questionnaire vise plutôt à stimuler une introspection personnelle qui peut vous guider vers une meilleure compréhension de vous-même et de vos relations.

Après l'avoir rempli, prenez un moment pour réfléchir aux réponses que vous avez fournies. Cela peut vous aider à identifier les domaines dans lesquels vous pourriez travailler pour développer des relations plus équilibrées et saines.

## Recherche de validation

- Est-ce que je recherche constamment l'approbation des autres pour me sentir bien dans ma peau ?

- Ai-je du mal à prendre des décisions sans avoir l'avis de quelqu'un d'autre ?

## Peur de l'abandon

- Est-ce que je ressens une anxiété intense à l'idée d'être séparé.e de certaines personnes ?

- Ai-je tendance à m'accrocher à des relations, même lorsque je sais qu'elles ne sont pas bénéfiques pour moi ?

## Priorisation des besoins des autres

- Est-ce que je néglige souvent mes propres besoins pour satisfaire ceux des autres ?

- Ai-je tendance à me sentir coupable lorsque je consacre du temps à mes intérêts ?

## Dépendance émotionnelle

- Ma bonne humeur dépend-elle fortement de la présence ou de l'attention d'une personne spécifique ?

- Est-ce que je me sens incomplet.e ou perdu.e lorsque je suis seul.e ?

## Sacrifices personnels

- Est-ce que je fais régulièrement des sacrifices personnels qui vont à l'encontre de mes valeurs ou de mon bien-être pour maintenir une relation ?

- Ai-je tendance à tolérer des comportements qui me sont normalement inacceptables pour éviter un conflit ou une rupture ?

## Autoperception

- Est-ce que mon estime de moi est fortement liée à la façon dont les autres me perçoivent ?

- Ai-je du mal à me sentir digne d'amour ou d'attention en l'absence de reconnaissance externe ?

## Réactions en cas de conflits ou de séparation

- Quelles sont mes réactions face aux conflits ou à la perspective d'une séparation ? Est-ce que j'éprouve une détresse disproportionnée ?

## Comportements dans les relations

- Dans mes relations, suis-je souvent le.la donneur.euse sans recevoir en retour de manière équivalente ?

- Ai-je des attentes irréalistes vis-à-vis de mes partenaires, amis ou membres de la famille ?

Après avoir répondu à ces questions, prenez un moment pour réfléchir à vos réponses.

Identifiez les domaines où vous pourriez avoir des tendances dépendantes et pensez aux étapes que vous pourriez entreprendre pour développer une plus grande indépendance émotionnelle et un meilleur équilibre dans vos relations.

# Conclusion

Alors que nous arrivons au terme de ce livre, j'espère sincèrement que mon histoire et les informations partagées ici auront été une source d'inspiration pour vous. Si vous vous êtes reconnu.e dans certains des schémas ou des défis abordés, sachez que vous n'êtes pas seul.e dans cette situation. Plus important encore, il est crucial de comprendre qu'il existe des solutions et des voies de sortie pour surmonter la dépendance affective.

La prise de conscience est souvent la première étape essentielle. Reconnaître et accepter qu'il y a un problème est un acte de courage et le point de départ du changement. À partir de là, l'exploration de différentes stratégies et outils, comme l'amélioration de l'estime de soi, l'établissement de limites saines, ou l'adoption d'une communication ouverte, peut conduire à des transformations significatives dans vos relations et votre vie émotionnelle.

Il est important de rappeler que le chemin vers des rapports plus sains et une plus grande autonomie émotionnelle n'est pas toujours linéaire. Il y aura des moments de doute et des défis. Cependant, chaque pas, même petit, est une progression vers un état de bien-être et d'équilibre. Si vous vous sentez submergé.e ou que vous avez besoin d'aide, n'hésitez pas à chercher l'assistance de professionnels. La thérapie, les groupes de soutien et les ressources éducatives peuvent offrir un accompagnement précieux.

En partageant mon expérience, j'aspire à vous motiver à poursuivre votre propre parcours de croissance personnelle. Rappelez-vous : vous avez la force et la capacité de forger des relations épanouissantes et de mener une vie émotionnellement autonome. Votre histoire, tout comme la mienne, peut être un récit de résilience, de découverte de soi et de bonheur retrouvé.